VIE DE SAINT LOUIS

2ᵉ SÉRIE IN-12.

SAINT LOUIS DE GONZAGUE.

2° in-12.

VIE
DE
SAINT LOUIS
DE GONZAGUE
DE LA COMPAGNIE DE JÉSUS.

Consummatus in brevi, explevit tempora multa.
SAP. IV.

LIMOGES
EUGÈNE ARDANT ET Cie, ÉDITEURS.

VIE
DE
SAINT LOUIS DE GONZAGUE
DE LA COMPAGNIE DE JESUS.

PREMIÈRE PARTIE.

Saint Louis de Gonzague eut pour père don Ferdinand de Gonzague, marquis de Châtillon, et pour mère dona Martha de Tana, de l'une des plus nobles familles de Quiers en Piémont. Le marquisat de Châtillon est situé dans la Lombardie, entre Vérone, Mantoue et Brescia, près du lac de Garda.

Ferdinand avait une charge à la cour du roi catholique Philippe II. Dona Martha avait été dame d'honneur de la reine d'Espagne, Isabelle de Valois, fille de Henri II, roi de France.

La marquise, se trouvant dégagée des occupations de la cour, exécuta la résolution qu'elle avait prise, en Espagne, de servir Dieu dans le mariage avec toute la ferveur dont elle serait capable. Elle sentit naître en elle un vif désir, et demanda instamment à Dieu d'avoir un fils qui le servît dans l'état religieux. Ses ferventes prières furent écoutées favorablement, puisqu'elle devint mère d'un fils qui entra, qui vécut et qui mourut saintement dans la Compagnie de Jésus. Il ne doit pas paraître surprenant que le ciel ait accordé aux prières d'une si pieuse mère un fils aussi saint et si instamment demandé pour une semblable fin, puisque l'histoire sainte nous apprend que le Seigneur s'est montré facile à exaucer de pareils désirs : c'est ainsi que sainte Anne, mère du prophète Samuel, se croyant stérile, demanda au Seigneur, en présence de l'arche, un fils pour le consacrer à son service ; et elle l'obtint. La même chose arriva pour saint Nicolas de Tolentin, qui fut pareillement accordé aux prières d'une mère stérile. Ces exemples ne sont pas les seuls qu'on pourrait citer : ainsi, le Seigneur, en inspirant à la marquise de demander la première grâce, put bien lui accorder la seconde, et choisir pour lui le premier fruit de sa fécondité.

La marquise, aux approches de ses couches, se trouva saisie de douleurs si vives qu'elle fut réduite en peu de temps à l'extrémité. N'attendant plus rien des secours de la terre, elle se détermina à recourir à ceux du ciel, et surtout à la protection de la sainte Vierge, cette mère de miséricorde. Ayant donc fait entrer le marquis dans sa chambre, elle fit vœu, avec sa permission, que, si elle en échappait, elle ferait le voyage de **Notre-Dame de Lorette**, et y porterait l'enfant s'il survivait.

La sainte Vierge sauva la vie de la mère et de l'enfant.

Cet enfant de prières naquit à Châtillon, lieu principal du marquisat de son père, dans le diocèse de Brescia, sous le pontificat de Pie V, un vendredi 9 mars 1568. Dès qu'il fut né, la marquise fit sur lui le signe de la croix et lui donna sa bénédiction.

On lui donna le nom de Louis, que portait le père du marquis. Il eut pour parrain Guillaume, duc de Mantoue, chef de la maison de Gonzague. On remarque dans le registre de la paroisse que tous les actes baptistaires de ce temps-là sont uniquement en langue italienne ; mais celui de Louis, soit par distinction pour sa personne, soit par une permission particulière de Dieu, est le seul où l'on trouve quelques paroles latines qu'il a bien vérifiées dans la suite. En voici le sens :

Qu'il soit heureux! qu'il soit agréable à Dieu! et qu'il ne vive que pour l'avantage des hommes!

La marquise savait qu'une femme véritablement chrétienne fait de l'éducation de ses enfants le premier de ses devoirs. Elle fit pour ainsi dire sucer à son fils la piété avec le lait. A peine commença-t-il à articuler quelques mots, qu'elle lui apprit à former le signe de la croix, à prononcer les saints noms de Jésus et de Marie, à réciter le *Pater* et l'*Ave, Maria*. Le saint enfant profita bien de ses premières leçons, que le goût de la piété se montra chez lui longtemps avant l'âge où se développe ordinairement la raison chez les autres enfants. Dès qu'il fut en état de marcher seul, on remarqua qu'il cherchait souvent à se cacher; et à quoi le trouvait-on occupé dans la retraite? à prier. Dès lors il se distingua par une tendre compassion pour les pauvres; il n'en apercevait aucun qu'il ne voulût lui faire une aumône. Ces inclinations naissantes ne permettaient pas de douter qu'il ne fût un jour un grand saint.

La pieuse mère voyait avec une joie sensible son fils croître en âge et en piété; mais le père, qui était guerrier, avait bien d'autres vues. A peine Louis avait-il quatre ans qu'il lui fit faire de petites armes proportionnées à sa taille et à ses forces. Etant même obligé d'aller passer quelques mois à Casal, où il devait rassembler un corps de troupes pour le service du roi catholique, qui préparait une expédition contre Tunis, il y mena Louis, le tirant dès lors d'entre les mains des femmes pour lui donner un gouverneur. Toutes les fois qu'on faisait la revue des troupes, il voulait que son fils y parût avec la pique et la cuirassse.

Louis fut quelques mois à Casal. Comme à cet âge enfantin on aime à faire tout ce qu'on voit faire aux autres, étant continuellement avec les soldats, il prit aisément l'esprit militaire: il parut même qu'il était naturellement porté à la gloire des armes, à laquelle son père l'appelait par ses exemples et l'excitait par ses discours. Il lui arriva plus d'une fois, dans le maniement des armes, de courir les plus grands dangers; mais la divine Providence l'en garantit presque miraculeusement, le réservant à un meilleur état de vie. Un jour entre autres, déchargeant un fusil, il mit le feu à la poudre qu'il portait, et se brûla tout le visage. Une autre fois, le jeune Louis, profitant du temps où les soldats reposaient, prit de la poudre dans leurs gibernes, en chargea lui seul une petite pièce de campagne, et y mit le feu : peu s'en fallut que dans le recul de la pièce l'affût ne lui passât sur le corps. Le marquis, éveillé au bruit, et craignant quelque soulèvement parmi ses troupes, envoya aux informations. Apprenant ce dont il s'agissait, il résolut de punir la témérité de son fils; mais les soldats, qui prenaient plaisir à voir cette ardeur guerrière dans un enfant, prièrent pour lui avec tant d'instance qu'ils obtinrent sa grâce. Louis, dans la suite, racontait volontiers ce fait, pour donner à entendre les soins particuliers que la Providence avait eus de sa conservation. Il lui restait encore alors quelque peine d'avoir pris cette poudre aux soldats; mais il se consolait dans la pensée que s'il la leur avait demandée, ils la lui auraient donnée volontiers.

Le marquis étant sur le point de partir pour Tunis avec ses troupes, renvoya Louis à Châtillon. Là on reconnut qu'il avait appris parmi les soldats à dire des paroles trop libres : son gouverneur l'en reprit; et Louis fut si docile à ses remontrances, que jamais depuis il ne lui arriva de prononcer aucune parole inconvenante. Ce fut là la plus grande faute de toute sa vie.

Parvenu à l'âge de sept ans, il se donna totalement à Dieu, et ne vécut plus que pour le service de sa divine majesté : c'est ce qu'il appelait l'époque de sa conversion. Aussi, quand il rendait compte de son intérieur aux pères spirituels qui le dirigeaient, il comptait parmi les bienfaits les plus signalés celui d'avoir commencé connaître et aimer Dieu dans un âge si tendre.

Dès lors il eut ses heures de prières réglées, dont aisaient partie l'Office de la sainte Vierge et les sept Psaumes de la Pénitence : il récitait toutes ces prières à genoux, sans vouloir accepter ni coussin ni aucun autre semblable soulagement. Ce fut dans ce temps-là qu'il fut attaqué d'une fièvre quarte qui lui dura dix-huit mois, et l'affaiblit beaucoup. Il supporta cette maladie avec une patience singulière, sans jamais omettre aucune de ses prières accoutumées. Quand il se trouvait plus mal qu'à l'ordinaire, il se faisait aider dans ses dévotions par une des personnes attachées au service de sa mère.

Tels furent les premiers fondements de l'édifice spirituel que Louis commença à élever à l'âge de sept ans. On peut juger d'avance quelle sera la suite d'une vie si saintement commencée.

Après l'expédition de Tunis, Ferdinand passa plus de deux années à la cour d'Espagne, où il retourna à Châtillon. Il y trouva Louis, non plus avec des inclinations martiales, comme il l'avait laissé, mais fort recueilli, et tout occupé d'exercices de piété et de dévotion. Surpris de voir tant de maturité dans un enfant de huit ans, il compta sur lui comme sur un héritier capable de faire un jour le soutien de sa maison ; mais Louis formait des projets bien différents ; le soin de sa perfection absorbait toutes ses pensées. Il résolut de s'en ouvrir à sa mère. Il lui avait ouï dire plus d'une fois que, puisque Dieu lui avait donné plusieurs fils, elle se trouverait heureuse d'en avoir un religieux. Se trouvant donc un jour avec elle, il lui dit : *Ma mère, vous avez dit que vous souhaiteriez avoir un fils religieux ; je crois que Dieu vous accordera cette grâce.* Une autre fois, lui répétant les mêmes paroles, il ajouta : *Je crois que ce sera moi.* Comme Louis était l'aîné, la marquise ne parut pas faire attention à ce qu'il disait ; mais faisant ensuite réflexion à l'éminente piété de ce tendre enfant, elle commença à croire que Dieu avait sur lui des desseins particuliers ; et en mère véritablement chrétienne, elle se détermina à les seconder.

Le marquis, au contraire, qui le destinait au monde, et qui voulait que rien ne manquât à son éducation, résolut de le tirer de la maison paternelle. Il se mit en route pour Florence, avec Louis et son jeune frère Rodolphe, au commencement de l'été de 1577, non sans causer une vive douleur à la marquise, qui voyait avec inquiétude ses enfants s'éloigner d'elle dans un âge si peu avancé.

Le grand duc de Toscane, François de Médicis, les reçut avec beaucoup d'amitié, et voulut même leur donner un appartement dans son palais; mais le marquis, qui voulait que ses enfants fissent de l'étude leur principale occupation, remercia le grand duc; il le fit consentir à ce qu'ils occupassent une maison particulière, qui les éloignait du tumulte et de la dissipation inséparables des cours.

Louis se trouvait avoir neuf ans, quand le marquis le laissa à Florence. Il y fit de grands progrès dans la vie spirituelle; c'est par cette raison qu'il regardait cette ville comme la mère de sa piété. Il y conçut surtout tant de dévotion à la sainte Vierge, que, quand il en parlait ou qu'il songeait à ses mystères, il paraissait se consumer par la vivacité de sa tendresse pour Marie. Cette dévotion particulière de Louis s'augmenta beaucoup par la vue d'une image miraculeuse de la mère de Dieu, et par la lecture d'un livre du P. Gaspard Loarte, de la compagnie de Jésus, sur les mystères du Rosaire. Un jour qu'il lisait cet ouvrage, il se sentit un vif désir de faire quelque chose qui pût plaire à la sainte Vierge; il pensa qu'il serait très agréable à cette reine du ciel si, pour imiter autant qu'il pourrait sa pureté, il lui consacrait par vœu sa virginité. Se trouvant donc un jour en prière devant l'image miraculeuse, il fit à Dieu, en l'honneur de la sainte Vierge, le vœu de la chasteté perpétuelle.

Il garda toute sa vie ce vœu si exactement, et avec tant de perfection, qu'il est aisé d'en conclure combien cette offrande avait été agréable au Seigneur, et avec quelle singulière affection la sainte Vierge avait pris Louis sous sa protection.

Que ne fit-il pas pour coopérer à la conservation de cette insigne faveur ? Dès ce temps il s'adonna à une grande vigilance sur soi-même et sur ses sens, et particulièrement sur ses yeux, ne les fixant jamais sur aucun objet qui pût lui causer la moindre inquiétude. En marchant dans les rues, il les tenait toujours baissés. Il montra toujours, et dans tous les endroits où il se trouvait, un grand éloignement à s'entretenir avec les personnes de sexe différent. Si quelquefois la marquise sa mère, pendant qu'il était à Châtillon, lui envoyait quelqu'une de ses femmes lui porter quelque ordre de sa part, il s'avançait à la porte, l'écoutait, et, les yeux baissés, lui donnait sa réponse et la renvoyait.

Ce fut à Florence qu'il commença à se confesser plus souvent qu'il ne le faisait à Châtillon. Dès la première confession, il se prépara avec la plus grande application, et se présenta avec autant de douleur et de confusion que s'il eût été le plus grand pécheur du monde.

Il apprit là à se mieux connaître et à démêler les mouvements de son cœur. La première chose qu'il remarqua fut qu'il n'avait point encore assez amorti le feu de sa colère ; quoiqu'il en fût assez maître pour n'en rien laisser paraître au-dehors, il ne laissait pas de sentir une certaine émotion qui altérait un peu la paix de son âme. Il se mit donc devant les yeux combien la colère est un vice honteux, et combien il est déplorable de se mettre dans un état où l'on ne peut plus répondre de soi. Frappé de cette considération, il extirpa si bien tous les germes de ce vice, que jamais, depuis, quoique naturellement prompt et bouillant, il ne laissa apercevoir en lui les moindres traces d'impatience ou de vivacité.

Il observa encore que, dans la conversation, il lui échappait certains mots contre le prochain, quoique de matière très légère, mais dont l'exacte charité pouvait être blessée. Il en fut si mortifié que, pour n'avoir plus à se reprocher de semblables fautes, il résolut de fuir la conversation de toutes sortes de personnes, même de ses meilleurs amis; aimant mieux vivre seul et retiré, que de rien dire ou entendre qui pût blesser la pureté de sa conscience.

Quelques-uns trouvaient mauvais qu'un jeune prince menât une vie si austère, et selon eux si sauvage; mais Louis fit si peu de cas de leurs discours, qu'il commença dès lors à ne plus jouer à aucun jeu, coutume qu'il garda toute sa vie.

De plus, il devint si obéissant à ses supérieurs, que jamais il ne lui arrivait de s'écarter de leur volonté, même dans les choses les plus légères. S'il entendait Rodolphe, son frère, se plaindre quelquefois d'être repris du gouverneur ou de ses maîtres, il l'exhortait avec amitié à leur être toujours obéissant. Quand il commandait quelque chose à ceux qui le servaient, c'était toujours avec tant d'égards et de modestie, qu'ils en étaient confus. Avait-il quelque service à leur demander : *Pourriez-vous, leur disait-il, faire cela sans vous incommoder? ou, s'il ne vous était pas trop incommode, je souhaiterais telle chose*; et il prononçait ces paroles avec tant de douceur et de cordialité pour ses domestiques, qu'il les engageait à le servir avec un sensible plaisir. Ainsi, dans un âge si tendre, Louis était arrivé à un point de perfection auquel plusieurs arrivaient à peine après bien des années passées dans la religion.

Il y avait deux ans que Louis était à Florance, lorsque le marquis ayant été fait, par le duc de Mantoue, gouverneur de Montferrat, voulut que ses deux enfants vinssent se fixer à la cour de son bienfaiteur, qui était en même temps le chef de la famille. Ce fut là que, voyant de plus près les grandeurs humaines, le jeune

Louis sentit croître en lui-même le mépris qu'il en avait.

Là, âgé de onze ans seulement, il prit la ferme détermination de renoncer à son droit d'aînesse et d'embrasser l'état ecclésiastique, non assurément pour arriver aux dignités de l'Eglise, qu'il refusa toujours, mais seulement pour pouvoir, dans un état qui le mettrait hors du monde, s'employer avec plus de liberté au service de Dieu. Dans cette résolution, il pria son père, sans lui rien dire encore de son projet, de le retirer de la cour, alléguant la faiblesse de sa santé et le désir qu'il avait de s'adonner plus sérieusement à ses études. En effet, le marquis fit revenir Louis à Châtillon, dans l'espérance que l'air natal, joint aux soins de sa mère, lui rendrait la santé, pour peu qu'il voulût se relâcher de la rigueur du régime qu'il gardait à Mantoue. Mais Louis, moins curieux de la santé de son corps que de celle de son âme, ne voulut rien changer dans sa manière de vivre. A son extrême abstinence, il joignit une plus grande solitude, pour avoir plus de temps à donner à ses exercices de piété.

A mesure que Louis se détachait du monde pour s'unir à Dieu, le Seigneur, rémunérateur magnifique de ceux qui le servent, se plut à faire connaître combien il agréait la pieuse et dévote affection avec laquelle le servait un enfant de douze ans seulement. Il n'avait eu jusque-là ni leçons ni pratique de l'oraison mentale et de la contemplation. Le Seigneur voulut bien être lui-même son maître. Trouvant cette âme innocente bien disposée, il éclaira son esprit d'une lumière surnaturelle, et lui enseigna une façon de méditer et de contempler ses grandeurs au-dessus de tout ce que peut faire l'industrie humaine.

Louis, voyant que le Seigneur miséricordieux lui avait ouvert cette porte, et lui fournissait des moyens abondants de nourrir son âme, donnait presque tout son temps à la méditation des sacrés mystères de notre Rédempteur, ou à la contemplation des attributs divins. Il vaquait à ce saint exercice avec un goût et une satisfaction intérieure si sensibles, que la douceur que son âme éprouvait lui faisait répandre des torrents de larmes dont il baignait ses habits, et mouillait jusqu'au pavé de sa chambre. C'est pour cette raison qu'il aimait la solitude et craignait d'en sortir, de peur de perdre quelque chose des sentiments affectueux de sa dévotion, ou qu'on n'eût quelque indice de ses larmes. Ceux qui le servaient s'en étant aperçus, se plaisaient à l'épier par les fentes des portes, et s'étonnaient de le voir des heures entières prosterné devant un crucifix, les bras tantôt étendus, tantôt croisés sur la poitrine, et les yeux fixés sur le crucifix, et faisant entendre au loin ses soupirs et ses sanglots. On le voyait ensuite en extase, si immobile, qu'il n'avait pas plus de mouvement qu'une statue. Il se trouvait alors tellement absorbé en Dieu, que son gouverneur et ses valets de chambre traversaient sa chambre et faisaient du bruit sans qu'il s'en aperçût. Plusieurs personnes qui n'étaient pas à son service eurent la curiosité de le voir dans ces saints ravissements, et en furent dans l'admiration.

Louis n'eut donc d'autre maître dans l'exercice de l'oraison que l'onction de l'Esprit-Saint. Mais, quoiqu'il sût méditer, il ne savait pas mettre de l'ordre dans ses méditations, ni en choisir les matières. Le hasard lui procura un petit livre du père Canisius, de la Compagnie de Jésus, où se trouvaient des points de méditations mis en ordre. Ce livre, non-seulement servit à le confirmer dans la résolution de faire oraison, mais lui apprit encore la méthode qu'il y devait tenir, et le temps qu'il devait y employer. Jusque-là il n'avait pas eu de temps fixé pour la faire : il la faisait, suivant le loisir qu'il en avait, quelquefois plus longue, quelquefois plus courte ; cependant il en retirait toujours une grande abondance de lumière dans l'esprit, et beaucoup de ferveur et d'affection dans le cœur.

Ce fut ce même petit livre, et les lettres écrites des

Indes, qui l'affectionnèrent, comme il le racontait lui-même, à la Compagnie de Jésus ; le livre, parce qu'il en goûtait très fort la méthode, et plus encore l'esprit de piété avec lequel il était écrit; les lettres, parce qu'elles lui apprenaient les travaux et les bonnes œuvres auxquels les pères de la Compagnie se livraient dans les Indes pour la conversion des gentils. Ce qui faisait aussi naître en lui le désir d'employer sa vie à de pareilles œuvres, pour concourir au salut des âmes, qu'il cherchait déjà, malgré la faiblesse de son âge, à aider. Dans cette intention, il assistait les dimanches et fêtes au catéchisme; il se faisait ensuite un devoir d'enseigner aux autres enfants la doctrine chrétienne, et ce qui regarde la foi et les bonnes mœurs. Il remplissait cette fonction avec tant de modestie et d'humilité vis-à-vis de ses vassaux, et surtout des pauvres, qu'il inspirait la dévotion à tous ceux qui en étaient témoins.

De plus, s'il apprenait qu'il y eût quelque différend parmi les domestiques de sa cour, il s'appliquait à les réconcilier. S'il entendait quelqu'un prononcer des paroles ou peu chrétiennes ou peu modestes, il le reprenait. S'il venait à sa connaissance qu'il y eût dans ses terres quelque personne de mauvaise vie, il l'avertissait d'abord avec douceur, et faisait tous ses efforts pour la porter à se corriger. Jamais il ne put souffrir que Dieu fût offensé en sa présence. Tous ses discours roulaient sur des choses de piété. Ayant un jour accompagné la marquise sa mère à Tortone, pour faire une visite à la duchesse de Lorraine, les courtisans de la princesse furent si émerveillés des pieuses conversations de Louis, qu'ils disent que, qui l'aurait entendu sans le voir, aurait sûrement cru que c'était un vieillard consommé, et non un enfant, qui parlait de Dieu avec tant d'onction et d'autorité.

Cela se passa l'an 1580, temps auquel le saint cardinal Borromée, archevêque de Milan, fut nommé par le pape Grégoire XIII visiteur apostolique des évêchés de sa province. Se trouvant alors dans le diocèse de Brescia, il vint à Châtillon, où il reçut la visite de Louis.

Le saint archevêque eut une consolation particulière de voir ce petit ange si favorisé du ciel. Il s'entretint longtemps tête à tête avec lui des choses de Dieu, de manière que ceux qui attendaient audience en furent surpris. Le saint cardinal était comblé de joie de trouver une jeune plante si bien cultivée au milieu des épines des cours du monde, et qui, sans le secours d'aucune main mortelle, s'était élevée à la perfection chrétienne. Louis, de son côté, se félicitait d'avoir trouvé un confident dans le sein duquel il pût répandre son cœur, et déposer les doutes qu'il rencontrait dans la vie spirituelle. Comme il avait ouï parler du cardinal comme d'un saint, il regardait comme autant d'oracles les avis qu'il en recevait pour sa conduite.

Le cardinal lui demanda s'il avait fait sa première communion. Le saint jeune homme lui ayant répondu qu'il n'avait point encore eu ce bonheur, le cardinal, qui admirait la pureté de sa vie, la maturité de son jugement, et les grandes lumières que le Seigneur lu donnait sur les choses célestes, non-seulement l'exhorta à communier, mais voulut encore le communier luimême pour la première fois : ensuite il lui recommanda la communion fréquente, lui traçant dans une courte instruction la conduite qu'il pouvait tenir pour se bien préparer à puiser dans cette source de grâce. Il lui recommanda encore de lire souvent le catéchisme romain, que le Pape Pie V venait de faire imprimer, selon les vœux du sacré Concile de Trente.

Louis grava profondément dans son esprit les avis de saint Charles. Il lut le catéchisme, et avec goût, nonseulement parce qu'il y trouvait des instructions chrétiennes relevées par une sainte doctrine, mais encore parce que ce livre lui avait été conseillé par un homme qu'il tenait avec raison pour un saint : il portait tout le monde à lire ce catéchisme, faisant valoir l'autorité de celui qui le lui avait recommandé. Depuis ce temps, ses communions devinrent fréquentes. Il serait difficile de se figurer quelle préparation il apportait pour recevoir dignement ce grand sacrement; il la commençait par un examen exact et détaillé de sa conduite, pour voir s'il y trouvait quelque chose qui pût déplaire aux yeux du divin hôte qu'il attendait : ensuite il se confessait; et sa confession était ordinairement accompagnée de larmes. Ses fautes, qu'il pleurait si amèrement, étaient moins des fautes d'action que d'omission, parce qu'il ne croyait jamais avoir fait une action d'une manière proportionnée aux lumières que Dieu lui donnait pour s'avancer dans une plus grande perfection.

Les jours qui précédaient sa communion, ses discours, ses pensées étaient sur le saint Sacrement; ses lectures avaient le même objet, ainsi que ses méditations et ses oraisons jaculatoires. Quels furent ses sentiments de dévotion, et quels actes n'en produisit-il pas, la première fois qu'il eut ce même bonheur? Dieu, seul scrutateur des cœurs, pouvait les connaître et les apprécier. Mais ce que tout le monde put remarquer, c'est que, depuis sa première communion, Louis conçut des sentiments si tendres envers le saint Sacrement de l'autel, que tous les matins, entendant la messe, dès que le prêtre avait fait la consécration de l'hostie, il fondait en larmes. On les voyait couler sur ses habits, et même jusqu'à terre. Ces sentiments affectueux lui durèrent toute la vie : ils augmentaient même les jours de fête, quand il communiait.

Pendant que le marquis continuait sa demeure à Casal, résidence ordinaire des gouverneurs de Montferrat, on lui écrivit de Châtillon que, quoique son fils fût guéri, comme on le croyait, de sa première indisposition, il s'était si fort affaibli par ses abstinences excessives, qu'à peine pouvait-il prendre la moindre nourriture; et que ne faisant rien pour remédier à ce mal, on ne le voyait point diminuer. Le marquis, qui avait fort à cœur la vie et la santé de son fils, se flatta que, s'il l'avait auprès de lui, il pourrait soulager son indisposition, ou du moins en empêcher les progrès. Il ordonna donc que Louis et son frère Rodolphe vinssent le trouver : ainsi ils partirent de Châtillon sur la fin de l'année 1580, pour se rendre à Casal.

Ce fut dans ce voyage que Louis courut un grand danger de la vie; passant un bras du Tesin, que les pluies avaient beaucoup grossi, il se trouvait dans une même voiture avec son frère et son gouverneur : au milieu du trajet, le carrosse se rompit et se partagea en deux. Il ne dut son salut qu'à un miracle de la Providence.

Le jeune Louis passa plus de six mois à Casal. Aux progrès qu'il y fit dans la langue latine, on doit ajouter ceux qu'il fit encore, et bien plus considérables, dans la vie intérieure.

Un jour, étant entré chez les Barnabites, et réfléchissant sur le bonheur de ces religieux, qui, ayant renoncé aux soins des choses temporelles pour s'attacher uniquement à Dieu, avaient mis ce même Dieu dans une espèce d'obligation de s'en occuper pour eux, il se disait à lui-même intérieurement : « Considère, Louis, quel
» grand bien procure la vie religieuse! Ces pères sont
» dégagés de tous les liens du monde, et loin des occa-
» sions de pécher. Le temps que les mondains emploient
» inutilement à la recherche des biens périssables et des
» faux plaisirs, ils l'emploient, et avec mérite, à l'acqui-
» sition des biens solides, des biens éternels. Ils sont as-
» surés que leurs fatigues ne resteront pas sans récom-
» pense. Ils n'ambitionnent point les honneurs, ils esti-
» ment peu ce qui passe; ils ne sont pas dévorés par
» l'ambition : l'un n'envie rien à l'autre; toute leur sa-
» tisfaction est de servir Dieu. Peut-on, après cela, être
» surpris s'ils sont dans la joie, s'ils ne redoutent ni la
» mort, ni le jugement, ni l'enfer, ayant une conscience
» exempte de péché? Le témoignage d'une bonne cons-

» cience les maintient dans la paix et dans cette tranquil-
» lité intérieure, d'où naît cette sérénité qu'on voit sur
» leur visage. L'espérance bien fondée qu'ils ont des biens
» célestes, la vue de Dieu au service duquel ils sont en-
» gagés, les consolent de tout ce qui pourrait les affliger.
» Et toi, Louis, que fais-tu? à quoi penses-tu? Si, cé-
» dant ton marquisat à ton frère Rodolphe, comme tu
» l'as résolu, tu demeures dans le monde avec lui, com-
» bien de choses verras-tu qui te déplairont? Au con-
» traire, si tu te fais religieux, tu retranches d'un seul
» coup tous les obstacles, tu te délivres du respect hu-
» main, et tu te mets dans un état de paix et de tran-
» quillité où tu serviras Dieu avec plus de perfection. »

Telles furent les réflexions qui occupèrent alors l'esprit de Louis. Après avoir fait à Dieu bien des prières à cette intention, et plusieurs ferventes communions, persuadé que Dieu l'appelait à cet état de vie, il résolut de quitter tout-à-fait le monde, et d'entrer dans un ordre. Comme il n'avait pas encore treize ans accomplis, et qu'il ne pouvait point encore exécuter son projet, il ne voulut faire part de sa résolution à personne.

Mais il commença à mener, au milieu du monde, la vie d'un religieux. Il restait seul, et s'occupait à s'entretenir avec quelques savants de dévotion ou de littérature. La Vie des Saints écrite par Surius ou par Lipoman; Sénèque, Plutarque et Valère-Maxime, étaient ses auteurs favoris. Dans l'occasion, pour exhorter les autres à une vie chrétienne, ou du moins moralement bonne, il se servait des exemples qu'il avait lus dans ces auteurs. Les discours qu'il tenait sur la vertu et sur des matières de piété étaient si judicieux, et l'on était si surpris de l'éloquence et de la ferveur avec lesquelles il en parlait, qu'on ne doutait pas que le savoir de ce jeune homme ne fût surnaturel, tant sa capacité surpassait son âge. Il arrivait de là que les gens de son palais, admirant en lui une prudence singulière, accompagnée d'une si rare vertu, avaient pris le parti de le laisser faire sans oser en rien lui demander raison d'aucune de ses actions.

Quand le marquis eut fini le temps de son gouvernement de Montferrat, il revint à Châtillon avec toute sa famille. Louis continua les exercices de son austère pénitence, il les augmenta même au point qu'on était surpris qu'il ne contractât pas quelque grande infirmité qui achevât de l'abattre, et que ses parents, témoins de tout cela, ne songeassent pas à y mettre ordre et à le modérer. Outre l'incroyable abstinence que nous l'avons vu comme er à Mantoue, il s'imposa plusieurs jeûnes dans la semaine, savoir : le samedi, en l'honneur de la sainte Vierge ; et le vendredi au pain et à l'eau, en mémoire de la passion du Sauveur. Ces jours-là, il ne prenait pour son dîner que trois tranches de pain bien légères trempées dans l'eau, et rien de plus ; le soir, une tranche de pain rôti, aussi trempée dans l'eau, était toute sa collation. Les mercredis, s'il ne jeûnait pas au pain et à l'eau, il suivait au moins la pratique de l'Église. Outre ces trois jours de jeûne, il en avait encore d'extraordinaires, selon que l'occasion ou la ferveur de sa dévotion les lui inspiraient.

Il mangeait ordinairement si peu, que quelques personnes de la cour, surprises qu'il pût vivre, prirent un jour, sans qu'il s'en aperçût, le parti de peser la nourriture qu'il avait coutume de prendre dans un repas : ces personnes ont déposé juridiquement que le pain et le reste n'allaient pas à une once ; ce qui est si fort au-dessous du besoin ordinaire de la nature, qu'on est forcé de dire que Dieu le soutenait miraculeusement pour le faire vivre, comme nous le lisons de quelques autres saints, puisqu'il n'est pas possible qu'un homme, sans un secours extraordinaire, conserve sa vie en prenant si peu de nourriture.

A l'âge de treize ans et demi, dans le sein des délices, il traitait son corps avec la dernière rigueur.

Sa ferveur ne se bornait point à ces mortifications corporelles ; il s'appliquait aussi aux exercices spirituels, et surtout à l'oraison. A son lever, il en faisait une heure, qu'il mesurait plus sur sa ferveur et sa dévotion que sur sa montre. Il récitait ensuite ses prières vocales accoutumées ; il entendait une messe, et quelquefois plusieurs, souvent il les servait avec un goût et une satisfaction sensibles. Il assistait aux offices divins chez les religieux du lieu où il se trouvait, et les édifiait par son exemple. Le reste du temps il se tenait ordinairement renfermé, lisant et méditant quelques livres spirituels. Le soir, sa coutume était, avant de se mettre au lit, de passer une heure en oraison, quelquefois deux. Ses valets de chambre, qui attendaient dehors, loin de s'en ennuyer, restaient dans l'admiration, et regardaient quelquefois par les fentes de la porte ce que leur maître faisait ; excités par son exemple, ils se mettaient eux-même à prier.

Il ne se contentait pas de l'oraison du matin et du soir ; il en faisait encore la nuit. Sortant de son lit, tandis que tout le monde reposait, il se mettait à genoux, en chemise, au milieu de sa chambre, et passait une bonne partie de la nuit en contemplation. Cela lui arrivait, non-seulement pendant l'été, mais encore au plus fort de l'hiver, qui dans la Lombardie est très rude et très piquant. Transi de froid, il tremblait des pieds jusqu'à la tête ; de façon que son recueillement en était troublé ; mais s'imaginant que ce trouble était une imperfection, il résolut de le vaincre, et se fit à cet effet tant de violence que, presque privé de sentiment, il ne s'apercevait plus du froid. Il est cependant vrai que son corps demeurait si abandonné des esprits vitaux, et si affaibli, que n'ayant pas la force de rester à genoux, et ne voulant pas s'asseoir ni s'appuyer, il tombait sur le plancher de sa chambre ; et, ainsi prosterné, il continuait sa méditation.

Il est étonnant que ces excès ne lui aient pas occasionné quelque grande maladie, ou qu'on ne l'ait pas trouvé mort de froid. C'est de cette violence que Louis se fit pour se maintenir dans le recueillement, qu'il contracta le mal de tête qui lui dura sans relâche le reste de sa vie. Pour pouvoir souffrir, à l'imitation de Jésus-Christ, et se conformer en partie à son couronnement d'épines, non-seulement Louis ne chercha aucun remède propre à diminuer ce mal de tête; il s'étudiait même à le conserver et à l'augmenter, pour que cette douleur le fît souvenir de la passion du Sauveur, et fût pour lui une occasion de mériter, sans être un empêchement à tout ce qu'il avait d'ailleurs à faire.

Avons-nous besoin de dire à nos lecteurs que ces austérités, incroyables pour beaucoup, s'expliquent par les grâces extraordinaires que le jeune saint recevait continuellement du ciel; et que d'autre part lui-même n'aurait pas ainsi détruit sa santé par cette espèce de lent suicide, si ses directeurs n'avaient pas vu en cela l'inspiration sensible, la volonté expresse de Celui qui est le maître absolu des âmes et des corps. Que cette réflexion très importante ne soit jamais oubliée dans la lecture de cette vie étonnante sous tant de rapports.

Louis avait éprouvé la protection particulière de Dieu sur lui, pour des choses qui le touchaient personnellement, ou qui intéressaient sa famille : aussi recourait-il d'abord à la prière, remettant le tout entre les mains de Dieu, et le conjurant, lui à qui tout est connu, de vouloir bien conduire les choses selon qu'il jugerait être le mieux. Son espérance ne fut jamais trompée : il en racontait lui-même une preuve qui tient du merveilleux : *Je n'ai jamais recommandé d'affaire à Dieu, disait-il, grande ou petite, qui n'ait été terminée comme je l'avais souhaité, quoique ce que je demandais eût de très grandes difficultés, et parût, au jugement des autres, absolument désespéré.*

Ce soin de traiter fréquemment avec Dieu acquit à Louis un don qu'il estimait par-dessus tout, la facilité avec laquelle il méprisait et comptait pour rien tout ce qui frappe le monde.

Dans l'automne de l'an 1581, Marie d'Autriche, fille

de l'empereur Charles V, et femme de l'empereur Maximilien II, passa par l'Italie pour aller en Espagne auprès de Philippe II, son frère. L'impératrice ayant désiré que le marquis et la marquise l'accompagnassent dans ce voyage, ils menèrent avec eux trois de leurs enfants, Louis, Rodolphe, et une fille nommée Isabelle. Louis avait alors treize ans et demi. Dans ce voyage d'Italie en Espagne, il entendit dire sur la galère qu'il montait qu'on avait à craindre d'être pris par les Turcs; il s'écria alors : Plût au ciel que nous eussions l'occasion de souffrir le martyre !

Arrivés à la cour, Louis et son frère furent nommés pages d'honneur du prince don Jacques, fils du roi catholique Philippe II. Pendant que Louis fut en Espagne (il y fut plus de deux ans), il s'appliqua à l'étude des belles-lettres. Un prêtre pieux et fort savant lui enseignait la logique ; un mathématicien du roi lui enseignait la sphère. L'après-dîner, il prenait des leçons de philosophie et de théologie naturelle. Il fit de grands progrès dans toutes ces sciences.

Le saint jeune homme s'aperçut que ses devoirs de cour et ses études l'empêchaient de vaquer, comme il souhaitait, à ses exercices spirituels. Dans les commencements, il ne trouvait pas même le temps pour faire ses oraisons ordinaires. Il résolut donc de mener à la cour une vie sainte et religieuse.

Ses discours avec les seigneurs de la cour étaient graves et religieux. Quand on le voyait arriver, chacun se composait. Ils savaient que, soit par badinage, soit autrement, on ne pouvait rien dire en sa présence qui ne fut décent : aussi avaient-ils coutume de dire de lui, et ce mot avait passé en proverbe, que le petit marquis de Châtillon n'était pas composé de chair.

Pendant son séjour en Espagne, il lui tomba sous la main un petit ouvrage du père Louis de Grenade, qui enseignait la méthode de faire l'oraison mentale. Cette lecture lui fit prendre la résolution de ne quitter jamais l'oraison qu'il n'en eût fait une de suite sans aucune distraction. Pour n'être point détourné, soit par les siens, soit par d'autres personnes, il se retirait dans une chambre obscure, où l'on tenait ordinairement le bois de chauffage ; s'il n'y était pas commodément, il s'y tenait du moins avec beaucoup de plaisir, parce qu'il pouvait s'y appliquer à la prière sans être interrompu. Cette conduite lui attira des reproches de ses parents; mais Louis, qui estimait plus les visites célestes dont Dieu le favorisait que les visites de ses parents et amis, tint bon contre le respect humain, et jamais il ne voulut consentir à interrompre ses exercices spirituels. Il aima mieux passer pour incivil, pour sauvage auprès des hommes, que d'être moins dévot auprès de Dieu.

Un an et demi s'était écoulé depuis que Louis était en Espagne. L'esprit divin, qui le gouvernait, l'attirant tous les jours à lui de plus en plus, il crut qu'enfin le temps était venu d'entrer dans quelque ordre religieux, comme il l'avait résolu étant encore en Italie. Avant de fixer son choix, il redoubla ses prières, conjurant le Seigneur de vouloir bien l'éclairer dans une affaire si importante. Parmi le grand nombre d'ordres qui font l'ornement de l'Eglise de Dieu, laissant de côté ceux qui sont durement appliqués à la vie active et aux œuvres de miséricorde corporelle, il s'arrêta à ceux qui, tout-à-fait retirés du commerce du monde, jouissent au milieu des forêts d'une paix inaltérable, ou, dans le sein même des villes, uniquement occupés de leurs règles, emploient leur temps à la psalmodie, à la lecture, à la contemplation des choses célestes. Il ne sentait aucune répugnance à entrer dans de pareils ordres ; son goût, son inclination lui en auraient facilité les pratiques, puisque si, au milieu des cours et du tumulte du monde, il savait si bien trouver la solitude du cœur et la paix de l'esprit, à plus forte raison pouvait-il se flatter de goûter ces avantages dans un cloître séparé du monde et loin de tout commerce des hommes.

Cependant, comme il ne voulait pas seulement sa propre tranquillité, mais encore la gloire de Dieu, et même sa plus grande gloire, il voyait que dans la solitude il enfouirait le peu de talents que Dieu lui avait donnés, et dont il pouvait se servir pour le bien des âmes. Après une mûre délibération et de ferventes prières, il se décida pour la Compagnie de Jésus, et résolut de s'y consacrer au service du prochain, persuadé que c'était là que Dieu l'appelait, d'autant plus que son institut était tout-à-fait conforme à ses vues.

Après avoir fait ainsi son choix, Louis chercha à s'assurer, autant que la chose était possible, que telle était la volonté de Dieu. Il résolut donc de communier à cette intention, de prendre pour cela un jour consacré par quelque fête de la sainte Vierge, et demander, par l'intercession de cette reine du ciel, que Dieu voulût bien lui faire connaître sa volonté. La fête de l'Assomption de la sainte Vierge approchait : Louis se trouvait, cette année 1583, à l'âge de quinze ans et demi. Il se disposa donc à cette communion par plusieurs ferventes prières, et par d'autres préparations extraordinaires. Il communia le jour de cette fête. Tandis qu'il demandait avec instance au Seigneur, par l'intercession de sa sainte mère, de vouloir bien lui faire connaître ce qu'il attendait de lui dans le choix d'un état, il entendit une voix claire et distincte qui lui dit de se faire religieux dans la Compagnie de Jésus, lui ordonnant en même temps d'aller en parler à son confesseur. Louis, assuré de la volonté de Dieu, courut plein de joie trouver son confesseur, à qui il raconta ce qui s'était passé, le priant de vouloir bien s'intéresser auprès de ses supérieurs, afin qu'il fût reçu sans délai. Le confesseur, après avoir examiné les commencements et les progrès de ce choix, lui répondit qu'il lui paraissait que la vocation était bonne et venait de Dieu; mais que pour la remplir il était nécessaire qu'il eût le consentement du marquis son père, sans quoi jamais les pères de la Compagnie ne le recevraient.

Ce même jour, Louis fit part de son dessein à la marquise sa mère. Cette nouvelle lui fit tant de plaisir qu'elle en remercia Dieu ; et comme Anne, mère de Samuel, elle lui offrit de grand cœur ce cher fils. Elle fut la première à en parler au marquis ; elle réprima ses premiers transports de colère sur un événement si peu attendu, et servit si bien Louis dans cette affaire, que le marquis, qui n'avait jamais eu connaissance du désir ardent qu'elle avait d'avoir un fils consacré à Dieu dans la religion, soupçonna que trop de penchant pour le cadet lui faisait désirer que la succession lui tombât, et non à l'aîné, et que par ce motif elle se prêtait avec tant de zèle à ce qu'il se fît religieux. Après les ouvertures faites par la marquise, Louis vint lui-même, avec le plus grand respect et la plus humble modestie, exposer au marquis la résolution où il était de renoncer au monde pour se faire religieux. A cette déclaration, le marquis se mit en grande colère ; et, après avoir parlé à son fils avec beaucoup de dureté, il le chassa de sa présence, le menaçant de le faire maltraiter de coups. Louis répondit humblement à cette menace : *Que je serais heureux si j'avais à souffrir quelque chose pour Dieu !* et il se retira.

Le marquis, dans la vivacité de sa douleur, passa plusieurs jours sans pouvoir se calmer, tant était profonde la plaie que la résolution de son fils avait faite à son cœur. Cependant il s'adoucit un peu, et, se tournant vers Louis, il lui dit que le mal eût été plus supportable s'il avait choisi quelqu'autre religion que la Compagnie de Jésus, parce qu'au moins il ne se serait pas fermé la porte à des dignités ecclésiastiques, qui auraient fait honneur à sa maison. A quoi Louis répondit : *C'est précisément par ce motif que j'ai préféré la Compagnie de Jésus à toutes les autres religions. Si j'étais envieux de grandeurs et de dignités, je garderais le marquisat que Dieu m'a donné comme premier-né, et je ne laisserais pas le certain pour l'incertain*

Le marquis, voyant la constance de son fils dans sa résolution, et les circonstances de sa vocation, commença à croire que la chose était sérieuse, et que l'inspiration était divine. D'ailleurs le souvenir de la vie angélique que son fils avait menée dès l'âge le plus tendre achevait de le convaincre. Cependant il ne pouvait se résoudre à lui accorder la permission qu'il sollicitait. Louis s'en aperçut, et désira de ne plus différer à suivre sa vocation. Il entra donc chez les Jésuites, tout ce que son père put obtenir fut de le ramener quelques jours en Italie, avant qu'il prît sa détermination définitive.

Louis revint donc en Italie au mois de juillet. Il s'attendait qu'à son arrivée le marquis son père lui tiendrait parole, en lui accordant la permission tant désirée; mais le marquis lui fit entendre qu'il prétendait l'envoyer auparavant avec son frère Rodolphe rendre visite de sa part à tous les princes d'Italie. Le but du marquis était de lui faire perdre peu à peu l'idée de se faire religieux. Louis partit donc avec son frère et un nombreux cortége, et vit tous les princes d'Italie. Rodolphe marchait avec toute la pompe qui convenait à sa naissance; mais Louis n'avait qu'un habit de serge noire, et jamais il ne consentit à rien porter qui sentît la vanité.

Pendant cette tournée d'Italie, Louis continua ses jeûnes, et ne négligea aucun de ses exercices religieux accoutumés.

Enfin, après de nouveaux combats livrés à Louis par différentes personnes, son père donna le consentement tant désiré.

On commença pour lors à traiter de la renonciation au marquisat, dont Louis avait déjà reçu de l'empereur l'investiture. Le marquis voulant qu'il passât à Rodolphe son second fils, Louis y consentit avec plaisir, et laissa dresser l'acte qu'il devait signer, prêt à tout ce que voudrait son père, pourvu que l'affaire ne tirât pas en longueur, et qu'il pût bientôt partir. L'acte fut donc dressé de façon que Louis renonça entièrement à toute la juridiction qu'il pouvait avoir sur son marquisat, et à la succession de tous les autres biens qui pouvaient lui appartenir.

Pendant qu'on attendait le consentement de l'empereur pour la renonciation, le marquis eut à Milan quelques affaires d'importance, qu'il ne pouvait aller terminer par lui-même à cause de ses indispositions. Il songea donc à y envoyer Louis, sur la prudence et la sagesse duquel il comptait beaucoup, comme l'ayant déjà éprouvé. Louis partit pour obéir à son père. Ces affaires le retinrent huit à neuf mois à Milan. Il les traita toutes avec tant d'adresse et de prudence, qu'il en vint à bout au gré du marquis.

Ce temps ne fut pas perdu pour Louis. Il avait étudié en Espagne la logique, il voulut prendre une teinture de physique au collége de Milan, où les Jésuites enseignaient. Comme il avait l'esprit excellent, il y fit de merveilleux progrès. Tous les matins il se trouvait aux leçons, et, quand les affaires l'en empêchaient, il faisait prendre la leçon par quelqu'un, et l'étudiait ensuite en son particulier. Il ne manquait aucune des disputes académiques, argumentant et soutenant à son tour, comme tous les autres écoliers, sans vouloir qu'on fît pour lui aucune distinction. Quoique la subtilité de son esprit perçât dans tout ce qu'il disait, il parlait cependant avec tant de circonspection, que, de l'aveu de ses maîtres, on ne l'entendit jamais prononcer une parole qui ne fût à sa place, ou qui sentît le jeune homme.

Il ne se borna point à l'étude de la physique; il y ajouta celle des mathématiques qu'on enseignait au même collége. On ne dictait rien sur cette science; Louis, pour ne rien perdre de ce qu'il entendait, dictait aussitôt qu'il était de retour chez lui à un valet de chambre ce qu'il avait retenu, mais avec tant de précision que ce même domestique, qui conservait ces écrits comme autant de reliques, me l'ayant fait voir à Châtillon, je fus surpris de leur exactitude. Il se rendait au collége avec un air de modestie qui charmait, et presque toujours à pied : il ne portait qu'un habit de serge noire et sans épée, ne disant mot aux personnes qui l'accompagnaient. Il ne prit point d'autre récréation, pendant son séjour à Milan, que de s'entretenir tantôt de science, tantôt de spiritualité.

Après d'innombrables difficultés que Louis eut à essuyer de la part de son père, il obtint enfin la permission d'entrer en religion. Appelant son fils, il lui parla ainsi : *Mon fils, vous venez de faire une plaie bien sanglante à mon cœur. Vous savez combien je vous aime ; je fondais sur vous mes espérances et celles de notre maison ; mais puisque Dieu vous appelle, comme vous le dites, je ne veux plus m'y opposer. Allez, mon fils, où il vous plaira, je vous donne ma bénédiction.* Il prononça ces paroles avec une si grande tendresse de sentiments, qu'il versa des larmes en abondance, sans qu'il fût possible de le consoler. Louis, après un court remercîment, se retira pour ne point entretenir par sa présence la douleur de son père. Rentré dans son appartement, qu'il ferma sur lui, il se prosterna par terre ; puis les bras étendus, les yeux élevés vers le ciel, et fondant en larmes, il remercia le Seigneur de l'inspiration qu'il avait eue et du succès qui l'avait couronnée. Il s'offrit en holocauste à sa divine majesté avec tant de ferveur et de dévotion, qu'il ne pouvait cesser de le louer et de le bénir.

Le 3 novembre, il prit congé du duc de Mantoue et de toute la cour. Le même jour au soir, il demanda à genoux, et avec beaucoup d'humilité, au marquis son père et à la marquise sa mère leur bénédiction. Le lendemain au matin il prit la route de Rome avec le cortége que le marquis lui avait donné. Il est difficile de s'imaginer combien peu Louis parut tenir à la chair et au sang, dans les adieux qu'il faisait. Quoique touché de voir tout le monde en larmes, il n'en répandit aucune. Son frère Rodolphe, à qui il venait de céder le marquisat, alla le conduire jusqu'au Pô; après s'être embrassés, ils se séparèrent.

S'étant embarqué pour Ferrare, quelqu'un dans le trajet disait à Louis que son frère Rodolphe avait assurément été bien content de lui succéder. *Je doute beaucoup,* répondit Louis, *que la satisfaction qu'il peut avoir égale celle que j'ai de lui avoir tout abandonné.* De Ferrare, Louis prit la route de Boulogne.

De Boulogne, il se rendit droit à Lorette. On ne saurait exprimer les consolations que le Seigneur et la Vierge lui firent éprouver dans ce saint lieu. Au souvenir de l'immense bienfait que le genre humain avait reçu, et de cette majesté divine qui avait daigné y faire sa demeure, ses larmes coulaient en abondance, et il ne pouvait se résoudre à en sortir : après quoi il partit pour Rome.

Il descendit à Rome chez le patriarche Scipion de Gonzague. Après un moment de repos, il alla trouver le père Claude Aquaviva, général de la Compagnie, qui vint à sa rencontre dans le jardin. Louis se jeta à ses pieds, et s'offrit à lui pour son fils et son sujet. Il s'acquitta de cette cérémonie avec tant d'humilité et de dévotion, qu'on eut peine à le faire relever.

Au sortir de la maison professe, Louis alla visiter les cardinaux Farnèse, d'Este, de Médicis, et quelques autres que la bienséance voulait qu'il vît; puis il alla recevoir la bénédiction du pape Sixte-Quint, et il lui remit les lettres du marquis son père.

Enfin, le lundi 25 novembre, jour dédié à sainte Catherine, Louis, âgé de dix-sept ans huit mois, monta au Quirinal, et entra à la maison du noviciat.

Aussitôt que Louis fut entré au noviciat, il se tourna du côté de ses gens et des personnes qui étaient venues de Mantoue avec lui; il les exhorta tous à penser à leur salut, et pria son directeur de dire au marquis, de sa part, ces paroles : *Oubliez votre peuple et la maison de votre père;* voulant par là faire entendre que dès ce moment il oubliait et la maison paternelle, et le monde, et l'état qu'il venait de quitter. On lui demanda s'il ne faisait rien dire à son frère Rodolphe. *Dites-lui, répondit-il, ces paroles : Qui craint Dieu, fait de bonnes actions.* Après quoi il se retira, et ils partirent en pleurant la perte qu'ils faisaient d'un si bon maître.

Louis, dégagé de toutes les choses du monde, fut conduit par le maître des novices dans la chambre qu'il devait occuper pendant quelques jours de solitude. Cette espèce de retraite d'usage est ce qu'on appelle, dans la Compagnie, la première probation. En y entrant, Louis crut entrer dans un paradis, et s'écria : C'est ici le lieu de mon repos éternel; j'y demeurerai, puisque je l'ai choisi. Aussitôt qu'il fut seul, il se mit à genoux, et versant des larmes de joie, il remercia Dieu de l'avoir fait sortir de l'Égypte pour le conduire dans un terre de promission, dans une terre où coulaient le miel et le lait des consolations célestes. Il s'offrit et se consacra tout entier en sacrifice à la divine majesté, et demanda instamment la grâce d'habiter dignement dans la maison de Dieu, d'y persévérer et mourir dans son service.

Tout le temps qu'il vécut, il célébra toujours avec une dévotion particulière l'anniversaire de son entrée dans la religion, et il garda pour patronne spéciale sainte Catherine, dont on faisait ce jour-là la fête.

SECONDE PARTIE.

Parmi les vertus qu'il pratiqua à son entrée en religion, nous en remarquons particulièrement deux : la première, c'est qu'étant né prince, et d'ailleurs ayant une complexion délicate et faible, il s'accommoda cependant à la vie commune et à la discipline domestique, comme tous les autres novices, et cela sans aucun ménagement ; car jamais il ne voulut profiter de petits adoucissements que les supérieurs eux-mêmes lui offrirent, surtout dans le commencement. Il s'appliquait avec une satisfaction particulière aux exercices domestiques les plus vils et les plus humiliants pour un homme de sa condition, comme si toute sa vie il n'avait fait que servir. La seconde chose à remarquer, c'est qu'il se persuada que, pour être parfait religieux, on doit observer à la lettre toutes les règles de son institut, et mettre tous ses soins à s'acquitter exactement des exercices journaliers que la religion prescrit, quelque petits qu'ils puissent être. Il s'appliqua donc avec tout le zèle possible à garder ponctuellement toutes les règles et toutes les observances communes de la religion. C'est par une telle conduite qu'il arriva à une si haute perfection, et qu'il mérita d'être proposé comme un modèle parfait de la sainteté à laquelle doivent aspirer tous les religieux, et spécialement ceux de la Compagnie de Jésus.

Ce fut donc pendant son noviciat que Louis jeta le fondements solides de toutes les vertus; il passa le temp prescrit pour la première probation dans un grand recueillement, une paix parfaite et des consolations sensibles.

Louis avait coutume de dire qu'il avait retenu cette leçon du marquis son père, que quand une personne prend un état, elle doit le remplir le plus parfaitement qu'il lui est possible. *Puisque mon père, ajoutait-il, a mis en pratique cette leçon pour les choses du monde, n'est-il pas de mon devoir de la pratiquer moi-même, quand il s'agit des choses de Dieu?* Toute sa conduite montra combien il était pénétré de ce principe, puisqu'il s'appliqua, avec toute l'ardeur possible, à acquérir toutes les vertus propres de son état. Nous ne saurions rapporter que ce que tout le monde admirait en lui avec surprise.

Remarquons seulement qu'on eût dit qu'il avait tout-à-fait perdu le sentiment du goût. Il ne trouvait aucune saveur aux mets. Que la chose fût bonne ou mauvaise, bien ou mal apprêtée, tout lui était égal; s'il montrait quelque préférence, c'était toujours pour le plus mauvais. Tandis qu'il mangeait, son esprit était attentif à la lecture, ou occupé de quelque pieuse méditation. Le matin, il pensait au fiel dont le Sauveur fut abreuvé sur la croix; et le soir, il méditait sur les merveilles de la dernière cène que le Seigneur fit avec ses disciples. Son plus grand soin était de veiller sur sa langue.

La raison pour laquelle Louis aimait le silence était non-seulement parce qu'il craignait d'offenser Dieu en parlant, mais aussi parce que l'attrait intérieur qui l'unissait incessamment au Créateur lui ôtait tout le goût qu'il aurait pu avoir à s'entretenir avec les créatures. Aux heures de la récréation du matin et du soir, où il est permis de se récréer un peu en conversant, il parlait avec les autres, mais toujours de Dieu. Quelquefois il commençait un discours ; puis, faisant réflexion qu'il serait mieux de ne pas continuer, il brisait là, et quelque envie qu'il se sentît de continuer, il ne le faisait pas, et demeurait quelque temps en silence.

Ajoutons cet autre fait. Le maître des novices voyant Louis si circonspect dans toutes ses actions, voulut l'éprouver dans une chose dont il n'eût aucun usage. Il le nomma pour quelques jours compagnon du réfectorier, lui donnant le soin de préparer le réfectoire, de le balayer, de le nettoyer : il ordonna en même temps au réfectorier, quelque chose que fît Louis, d'affecter de ne rien trouver de bien fait, et de ne lui point épargner les reproches. Ce réfectorier fit exactement tout ce que le maître des novices désirait ; mais jamais il ne put réussir à obliger Louis de s'excuser ou de justifier ce qu'il avait fait ; de façon que, plein d'admiration de l'humilité et de la patience de Louis, il pouvait à peine croire ce qu'il voyait.

Le patriarche de Gonzague vint un jour au noviciat rendre visite à Louis. En sortant, il prit à part le père recteur, et lui demanda comment se comportait Louis dans son noviciat. A quoi le recteur répondit : *Je ne saurais rien dire autre chose à Votre Grandeur, sinon que tous, tant que nous sommes, nous avons beaucoup à attendre d'un pareil exemple.*

Bientôt il fut envoyé à la maison professe. Après y avoir passé deux mois, il fut rappelé au noviciat. Là il s'acquittait de de tous ses devoirs avec tant d'exactitude et de perfection, que non-seulement personne ne pouvait remarquer en lui aucun manquement, mais que lui-même, quoique très rigide censeur de ses pensées et de ses actions, ne trouvait rien à corriger.

Ce qui contribuait encore plus que tout le reste à le rendre parfait, c'est que non-seulement il avait une présence continuelle de Dieu dans toutes ses actions, s'appliquant à les faire avec la plus grand perfection ; mais, de plus, il se tenait toujours uni à Dieu par le moyen de l'oraison, à laquelle il donnait tous ses soins. Il avait coutume de dire que sans oraison et sans recueillement on ne saurait parvenir à une victoire complète de soi-même, ni à un degré éminent de sainteté et de perfection, comme l'expérience le démontrait. Et voici comment ses plus grandes délices étaient de prier et de méditer. Il apportait une diligence extrême à s'y bien préparer. Tou les soirs, avant de se mettre au lit, il employait un demi-quart d'heure à prévoir et à mettre en ordre la méditation du lendemain. Il faisait en sorte le matin d'être toujours prêt avant qu'on donnât le signal pour commencer l'oraison ; il employait ce temps à se recueillir, et s'étudiait à tenir son esprit libre de tout désir et de toute inquiétude ; *parce que, disait-il, il n'est pas possible qu'une âme qui, dans le temps de la méditation et de la contemplation, garde en soi quelque affection étrangère, puisse être attentive à ce qu'elle médite, ni recevoir en elle l'image de Dieu, dans lequel celui qui médite cherche, pour ainsi dire, à se transformer.* Je me souviens d'une comparaison qu'il me faisait à ce propos. *L'eau qui est agitée des vents, disait-il, ou ne représente point l'image d'un homme qui s'y regarde, parce que l'agitation l'a troublée : ou, si elle demeure claire, elle ne représente pas les membres unis au buste, mais seulement par parties et comme séparés l'un de l'autre : de même l'âme qui dans la contemplation est agitée par différents vents des passions et des affections étrangères, ne saurait être propre à recevoir l'image de Dieu, ni à retracer en soi les perfections de cette majesté qu'elle contemple.*

Quand on avait donné le signal pour l'oraison, il se mettait à genoux avec le plus profond respect, et faisait tous ses efforts pour que son esprit fût attentif à la méditation. Il entrait profondément dans les choses qu'il méditait ; et par la grande contention de son âme, il lui arrivait de rester quelque temps tellement hors de lui-même, qu'il ne savait plus où il était.

Il avait un si grand don de larmes dans la prière, que les supérieurs furent obligés de lui procurer, quoique inutilement, des moyens pour les réprimer. Cette inaltérable attention ne lui venait pas de la grâce seule, mais aussi du long usage qu'il avait de méditer. Il avait rendu par ce moyen son imagination si docile et si soumise, qu'aucunes pensées ne se présentaient à lui que celles qu'il voulait. Or, il voulait que son imagination fût tellement fixée à l'objet de sa prière, qu'il n'entendît rien de tout ce qu'on pouvait dire ou faire autour de lui. Ainsi il n'avait pas à craindre d'être distrait.

Dans ses prières vocales, il souffrait un peu plus de difficultés; non qu'il eût l'esprit distrait, mais parce qu'il ne pouvait pas pénétrer si promptement ni si commodément le sens des psaumes et des autres prières qu'il récitait; néanmoins il avait encore dans les prières vocales un goût tout spirituel, particulièrement en disant les psaumes, son esprit se transformant dans les affections dont ils sont remplis. Ces affections étaient quelquefois si vives qu'il ne pouvait pas proférer les paroles sans se faire violence. C'est pour cette raison qu'ayant coutume au noviciat de dire le grand office que disent les prêtres, il mettait au moins une heure seulement à réciter les matines.

Quant au sujet de ses méditations, il avait une dévotion particulière à méditer la passion de Jésus-Christ; il avait coutume de s'en rapppeler tous les jours le souvenir à midi. Il récitait alors une certaine antienne, et se mettait devant les yeux Jésus crucifié. Il s'acquittait de ce petit exercice avec tant de recueillement et d'onction intérieure, qu'il avouait que dans ce moment tout ce qui s'était passé le vendredi-saint se présentait à son esprit. Nous avons déjà parlé des sentiments qu'il éprouvait dans ses méditations sur l'Eucharistie.

Il avait aussi une dévotion tendre et particulière aux saints Anges, et surtout à son ange gardien : c'était pour lui une vraie consolation que de s'en occuper.

Enfin, on peut dire avec vérité que toute la vie de Louis dans la religion fut une oraison continuelle, parce que le grand usage qu'il avait depuis tant d'années de prier et de s'élever au-dessus des choses sensibles, lui en avait formé une telle habitude, que partout où il se trouvait, et quelque chose qu'il fît, il était plus attentif à ce qui se passait dans son intérieur qu'à ce qui se passait au-dehors. Il était même arrivé au point qu'à peine faisait-il aucun usage de ses sens, comme des yeux pour voir, des oreilles pour entendre, tant il était concentré dans son intérieur. Ce n'était qu'en cela qu'il trouvait son repos et sa satisfaction. S'il arrivait qu'il fût obligé de s'appliquer à quelque chose d'extérieur, même utile, quoiqu'il fît extérieurement tout ce qui était nécessaire, il éprouvait une certaine contradiction intérieure, comme si l'un de ses membres fût sorti de sa place : de sorte que rien n'était pour lui plus aisé que d'être toute la journée absorbé en Dieu dans les occupations extérieures, au milieu desquelles il savait conserver aisément son recueillement.

Pendant le jour, et au milieu de ses occupations, le Seigneur le visitait par de grandes consolations qui n'étaient point passagères; elles duraient quelquefois une heure et plus; elles remplissaient son âme au point que son corps même s'en ressentait. Il paraissait alors une fournaise de l'amour céleste; on voyait briller sur son visage enflammé le feu qui le dévorait au-dedans. Quelquefois cette divine flamme lui brûlait tellement le cœur, qu'à ses fréquentes palpitations on eût cru qu'il allait s'ouvrir un passage pour sortir de place. Les douceurs intérieures dont il jouissait si abondamment, lui faisaient négliger le soin de son corps, qui tous les jours s'affaiblissait davantage et s'exténuait. Ses douleurs de tête, au lieu de diminuer, augmentaient.

Les supérieurs, voyant qu'il était impossible qu'avec une si grande application il pût vivre longtemps, lui interdirent les jeûnes, les abstinences, les disciplines et d'autres mortifications corporelles; ils lui prescrivirent aussi un temps plus long pour le sommeil : ils lui abrégèrent le temps de l'oraison, ne la permettant que pendant une demi-heure; et même ensuite ils la lui retranchèrent tout-à-fait, et lui interdirent jusqu'au fréquent usage des oraisons jaculatoires. Enfin ils lui firent entendre que moins il ferait d'oraisons, plus il se conformerait à l'obéissance. Outre cela, ils lui donnèrent différentes occupations extérieures, qui ne lui laissèrent guère le temps de s'appliquer à ses dévotions ordinaires. D'ailleurs ils avaient soin de l'avertir souvent que, pour la gloire de Dieu, il était obligé de modérer et de conserver sa santé. Jamais les supérieurs n'éprouvèrent de difficultés à le persuader, ni à lui faire faire ce qu'ils voulaient, parce qu'il était très obéissant et très indifférent.

Réduit à voir que toute oraison lui était interdite, il visitait souvent le très saint Sacrement; et à peine s'y était-il mis un moment à genoux, qu'il se retirait de peur d'y être arrêté par quelque pensée de Dieu qui se serait emparée de lui. Mais tous ses soins furent assez inutiles : plus il voulait fuir pour obéir, plus Dieu semblait le rechercher et se communiquer à lui. Telle fut la perfection et la sainteté dans lesquelles Louis passa tout le temps qu'il fut au noviciat, c'est-à-dire jusqu'à la fin d'octobre 1586. Il fut l'admiration des supérieurs qui conduisaient son âme, et il fut d'une grande utilité et d'une grande édification à tous ses confrères, qui se disputaient à qui l'entretiendrait, pour mieux profiter de ses paroles et de ses exemples.

Il fut envoyé à Naples vers l'automne de 1586. Les supérieurs jugèrent à propos que Louis, après quelque repos, y étudiât la métaphysique. Il s'y appliqua autant qu'il put, et selon les ordres qu'il en avait.

Cependant Louis devint très malade; l'air de Naples, au lieu de lui être salutaire, ne faisant qu'augmenter ses douleurs de tête, le père général le rappela à Rome, au mois de mai 1587.

Le retour de Louis causa une joie universelle à tous les jeunes gens du collége Romain, et particulièrement à ceux qui avaient vécu avec lui au noviciat. Ils se flattaient avec raison de profiter beaucoup de ses exemples et de sa conversation. Louis, de son côté, fut charmé d'avoir à faire le cours de ses études à Rome, résidence du chef de la Compagnie, et dans la première de ses universités.

Ayant repris à Rome ses études de métaphysique, on vit bientôt qu'il possédait la logique, la physique et les mathématiques de manière à être capable de soutenir une thèse publique sur toute la philosophie. Après six mois d'étude au collége Romain, Louis soutint donc une thèse générale ; et comme les cardinaux de la Rovère, Mondavi et Gonzague, ainsi que d'autres prélats et seigneurs, honorèrent cet acte de leur présence, il la soutint dans la grande salle du collége.

Il fut généralement applaudi, et particulièrement des trois éminences, lesquelles furent surprises qu'en si peu de temps il eût pu, avec une aussi mauvaise santé, faire de si grands progrès.

Après les études de philosophie, on appliqua Louis à celles de la théologie.

Louis joignait aux talents l'application dans ses études, autant qu'une santé délabrée, des forces affaiblies et ses supérieurs le lui permettaient. Il ne se mettait jamais à l'étude qu'après avoir fait oraison. Son étude ne consistait pas dans la lecture d'un grand nombre d'auteurs, mais uniquement dans la méditation des écrits de ses maîtres. S'il rencontrait quelque difficulté qu'il ne pût résoudre de lui-même, il la notait ; et quand les autres avaient proposé ce qu'ils pouvaient avoir à dire, il proposait aussi ses doutes, et prenait toujours le temps le plus commode pour ceux qu'il avait à interroger. Dans ce qu'il proposait, il parlait latin, selon la règle, et toujours découvert, à moins qu'on ne le forçât de se couvrir. Il ne lisait jamais de livres sur les matières de ses études, sans avoir pris l'avis de ses maîtres. Jusqu'où ne portait-il pas sa déférence pour eux? on en peut juger par ce trait. Il se trouvait un jour dans la chambre du père Justiniani, pour le consulter sur une difficulté qu'il avait au sujet de la prédestination. Le père, après lui avoir donné sa réponse, lui ouvrit le septième volume de saint Augustin, et lui montra du doigt l'endroit qu'il devait lire, dans le livre *du bien de la persévérance*. Louis lut précisément la page, sans vouloir tourner le feuillet et lire dix lignes qui terminaient le livre; et cela uniquement parce que le père ne lui avait pas dit de lire plus que la page qu'il lui indiquait, n'ayant pas fait attention à la page suivante.

Au collége, il disputait et argumentait, selon qu'il en avait ordre: il était toujours prêt à le faire pour les autres. Dans tout ce qu'il proposait et répondait, il montrait la subtilité de son esprit. Il allait tout de suite à la difficulté, et jamais on ne remarqua en lui aucune envie de montrer de l'esprit ni de faire parade de science, encore moins de se préférer aux autres. Il argumentait avec modestie, et cependant d'une manière pressante, sans altération, sans éclats de voix, sans laisser échapper un mot qui pût blesser, donnant toujours à celui qui devait lui répondre le temps de s'expliquer. Quand il voyait la difficulté éclaircie et résolue, il finissait la dispute avec la plus grande ingénuité, et n'insistait plus.

Il se faisait un plaisir de prêter aux autres ses cahiers, et attendait toujours qu'on les lui rendît, sans faire d'instance pour les ravoir. Il faisait attention à ce qu'il entendait, et l'écrivait en abrégé; ensuite il tirait des cahiers de ses confrères ce qu'il n'avait pu écrire. Il ne voulait dans sa chambre aucun livre inutile.

Louis avait passé deux ans dans la Compagnie. Après une retraite de quelques jours, il fit, en présenc de plusieurs personnes, le 25 novembre 1587, jour consacré à sainte Catherine, les vœux de pauvreté, de chasteté et d'obéissance, dans la chapelle du nouveau bâtiment du collége Romain. Dans cette action on vit Louis rempli d'une consolation toute spirituelle. Il se voyait enfin vrai religieux, et attaché à Dieu par des liens plus étroits.

Le 14 février de l'année suivante, il reçut la tonsure cléricale à Saint-Jean-de-Latran. Ayant quelques jours après reçu les ordres mineurs, il continua à mener une vie aussi pleine de vertus qu'on pouvait l'attendre d'un religieux clerc. C'est de ses vertus que j'ai maintenant à parler. Le collége Romain, qui fut depuis lors sa demeure permanente, fut aussi le théâtre où ses vertus furent le mieux connues et le plus admirées.

Je commence par l'humilité de Louis, comme étant le fondement et de la perfection religieuse et de la sainteté, et des autres vertus dans lesquelles il se signala. Quoiqu'il eût reçu de Dieu de grands dons et des faveurs singulières, jamais on ne le vit s'en glorifier le moins du monde : il fut toujours parfaitement humble. C'était de toutes les vertus celle à laquelle il s'appliquait le plus. Nous trouvâmes après sa mort, parmi ses différents papiers, un écrit qu'il avait composé pour être la règle de ses actions. A la fin de cet écrit il traçait quelques moyens pour acquérir l'humilité. Leur brièveté et l'utilité dont ils peuvent être pour plusieurs m'engagent à les rapporter tels qu'il les a tracés.

« Comme le démon te livre plus d'assauts par la va-
» nité et la propre estime, d'autant que ce côté est le
» côté le plus faible de ton âme ; de même tu dois faire
» les plus grands efforts pour lui résister par l'humi-
» lité et le mépris intérieur et extérieur de toi-même,
» et pour cela tu dresseras des règles particulières qui
» aient été assignées par notre Seigneur, et confirmées
» par l'expérience.

» Pour s'appliquer à l'étude de l'humilité, le premier
» moyen sera de penser que, quoique cette vertu con-

» vienne à tous les hommes, attendu leur bassesse, ce-
» pendant elle ne croit pas dans notre terre ; il faut la
» demander au ciel, à Celui de qui tout bien procède.
» Aussi l'orgueilleux est forcé de demander, avec les plus
» bas sentiments, cette vertu d'humilité à l'infinie majesté
» de Dieu, comme son premier auteur, et cela par l'inter-
» cession et les mérites de la profonde humilité de Jésus-
» Christ, lequel étant sous la forme de Dieu, s'est abaissé
» en prenant la forme d'un esclave.

» Le second moyen est de recourir à l'intercession des
» saints, particulièrement de ceux qui se sont le plus si-
» gnalés dans cette vertu, pensant d'abord que, comme ils
» furent dignes d'obtenir sur la terre cette vertu dans un
» degré héroïque, de même dans le ciel ils sont égale-
» ment dignes d'être exaucés ! Comme ils n'ont point be-
» soin de cette humilité pour eux-mêmes, étant en pos-
» session de la gloire, il faut les prier de vouloir bien
» s'intéresser pour nous, afin que nous l'obtenions par
» eux. Pense encore que comme ici-bas chacun cher-
» che naturellement à aider ceux qui désirent s'avancer
» dans la profession où il s'est distingué, de même dans
» le ciel les bienheureux qui se sont signalés dans telle
» ou telle vertu plus que dans une autre, aident aussi à
» l'acquisition de cette même vertu ceux qui s'y appli-
» quent davantage, et qui pour cela se recommandent à
» leur intercession. Pour cette raison, tu te souviendras
» de recourir spécialement à la bienheureuse Vierg
» mère de Dieu, comme à la plus favorisée de toutes les
» créatures dans l'ordre de cette vertu ; ensuite, parmi
» les apôtres, tu recourras à saint Pierre, qui disait à
» Jésus-Christ : *Eloignez-vous de moi, Seigneur, parce que*
» *je suis un homme pécheur* ; et à saint Paul, qui, quoique
» élevé jusqu'au troisième ciel, avait des sentiments si
» bas de lui-même lorsqu'il écrivait : *Jésus est venu pour*
» *sauver les pécheurs, du nombre desquels je suis le premier.*

» La première de ces deux pensées te servira pour com-
» prendre combien les saints sont puissants auprès de

» Dieu pour t'obtenir cette vertu ; et la seconde te mon-
» trera combien ils sont disposés à s'intéresser pour nous. »
Telles sont les expressions de cet écrit de Louis, d'où
l'on peut aisément conclure combien il avait à cœur la
vertu d'humilité.

Louis avait de lui-même les sentiments les plus bas :
il le prouvait par ses actions et ses paroles. Il ne fit jamais rien, jamais il ne dit rien qui pût être, même de
loin, à son avantage. Il cachait avec la plus grande attention ce qu'il était dans le siècle, sa naissance, ses talents, et généralement tout ce qui pouvait lui faire honneur. La crainte seule d'une louange le faisait rougir :
quiconque voulait avoir ce plaisir, n'avait pas de meilleur moyen que de le louer. Je n'en donnerai que deux
exemples. Un médecin qui le visitait, dans une maladie,
débuta par faire l'éloge de la famille de Gonzague, comme parents des ducs de Mantoue, et de la même bran-
che; Louis, qui n'aimait pas qu'on le prît pour ce qu'il
était, en fut mortifié, et le fit connaître au médecin.
Comme les occasions de pareils compliments n'étaient
pas rares, Louis regrettait d'être né ce qu'il était. On ne
pouvait lui causer un déplaisir plus sensible que de lui
parler de quelqu'une de ses qualités naturelles; de sorte
qu'on pouvait dire qu'après avoir déraciné toutes les
autres passions, celle du ressentiment dans ces sortes
d'occasions lui était restée. L'autre exemple fut qu'ayant
fait un sermon au réfectoire sur la purification de la
sainte Vierge, il fut généralement applaudi. Le père
Jérôme Piatti ayant été le premier à le louer, Louis
rougit tout-à-coup, et fit connaître combien ces louan-
ges lui étaient à charge, persuadé qu'il ne les méritait
point.

Cette humilité le faisait aimer de tous ceux qui le connaissaient, soit dans la maison, soit au-dehors. Il cédait
à tous indistinctement et en toutes rencontres. S'il sortait avec un frère coadjuteur, il lui donnait le pas; cela
lui est arrivé plusieurs fois en sortant avec le frère cui-

sinier du collége Romain. Quoique ceux à qui il cédait ainsi en fussent mortifiés, il savait leur donner tant de raisons, que, pour ne point lui déplaire, ils étaient forcés d'aller comme il voulait : cependant les supérieurs y mirent ordre, en lui défendant, par décence pour la tonsure cléricale, d'en agir ainsi ; étant convenable qu'il eût plus d'égards à sa qualité de clerc qu'à sa propre humiliation. Dans la maison, il conversait volontiers avec les frères coadjuteurs, et quand il allait à table, il se plaçait pour l'ordinaire au rang des frères qui servaient à la cuisine. Les supérieurs, voyant qu'il était d'une complexion délicate, et toujours à peu près malade, lui ordonnèrent de se mettre à la table des convalescents : ils lui défendirent aussi de sortir avec ceux qui avaient mangé à la première table, et le dispensèrent de quelques autres fatigues. Louis, soupçonnant que ces égards pour lui pouvaient avoir quelque autre motif, sut si bien faire valoir ses raisons auprès des supérieurs, et leur persuader qu'il n'avait pas besoin de ces ménagements, qu'il en obtint de vivre comme le reste de la communauté. Il répondit à quelques-uns de ses plus intimes amis, qui le priaient de se prêter à ces ménagements, qu'étant religieux il devait faire instance pour vivre comme les autres religieux ; que la crainte de tomber malade ne l'inquiétait point, s'il ne lui arrivait d'être malade que pour avoir fait ce que son institut l'obligeait de faire, pourvu qu'en cela il ne fît rien contre l'obéissance.

Le nombre de deux cents personnes, dont le collège Romain était composé, ne permettait pas de donner à chacun une chambre particulière. Il n'y avait guère que les supérieurs, les prêtres et les régents qui en occupassent : tous les autres étaient ensemble, selon le nombre de lits que les supérieurs jugeaient à propos de réunir. Comme on savait que Louis avait besoin de reposer, on lui assigna une chambre où il serait seul. Il eut recours supérieur, et lui représenta qu'il était de l'édification qu'il fût traité comme le commun, et fit si bien qu'il l'obtint.

Il aurait souhaité d'avoir une place de préfet au séminaire Romain, parce qu'on y était dans une perpétuelle sujétion et que l'on y souffrait beaucoup. Les supérieurs, persuadés qu'il n'avait pas assez de santé pour cela, la lui refusèrent. Il avait un autre désir : c'était d'être chargé, quand ses études seraient finies, de la première des basses classes qui viendrait à vaquer, afin d'avoir lieu de former ces jeunes plantes à la vertu et à la piété, et d'avoir en même temps l'occasion d'être humilié, par l'espèce d'obscurité où le réduirait cette fonction. Il fit donc diverses instances à ce sujet; et afin qu'on ne crût pas qu'il fît cela par humilité et par vertu, il dit au père recteur que, ne connaissant pas bien la grammaire, il craignait de ne pas savoir assez de latin pour servir la Compagnie; que par là il s'en rendrait plus capable. Le père recteur, voulant éprouver si effectivement il ne savait pas bien le latin, lui donna un compagnon de chambre avec lequel il pût en conférer; et l'on vit qu'il le savait très bien.

Il n'y avait point dans la maison d'emploi si vil et si bas qu'il ne désirât. La coutume était que les lundi et mardi de chaque semaine on allât aider le matin et le soir à la cuisine. L'emploi des aides était de recevoir les plats qu'on rapportait du réfectoire, de les nettoyer, et d'en retirer tout ce qui pouvait servir aux pauvres en aumônes. Quand Louis était chargé de cette besogne (et il l'était assez fréquemment, parce qu'il le demandait aux supérieurs), il allait lui-même porter cette aumône avec autant d'humilité que de satisfaction. Tous les jours il s'occupait à quelque vil exercice comme de balayer sa chambre ou quelques autres lieux qu'on lui assignait, ou d'enlever les toiles d'araignées des murailles. Il fut même chargé, pendant plusieurs années, du soin des lampes de la maison. Il trouvait tant de satisfaction dans ces emplois bas et petits, que, ne pouvant la renfermer en lui-même, il la laissait échapper au-dehors. De manière que, lorsqu'on le voyait dans ces exercices, quelques-uns lui disaient qu'il triomphait, et qu'il avait ce qu'il désirait le plus ; il répondait que ce plaisir lui était devenu comme naturel sans qu'il le cherchât, ni qu'il y fît réflexion. Quoique toutes ces choses d'usage dans la Compagnie n'eussent rien qui surprît, parce qu'on y était accoutumé, elles ne laissaient pas d'être édifiantes en elles-mêmes et pour les personnes qui y faisaient attention. Enfin on peut dire de Louis qu'il fut un homme qui se méprisait sincèrement lui-même, et qui cherchait en toutes choses à s'humilier.

A une profonde humilité, Louis joignait une parfaite obéissance. Cette obéissance allait au point qu'il ne se souvenait pas d'avoir jamais transgressé la volonté de ses supérieurs, pas même d'avoir eu aucune inclination contraire, à moins que ce ne fût par surprise, quand ils lui interdisaient ses dévotions, ce qui même ne lui arriva que rarement ; et encore avait-il le plus grand soin de réprimer ces premiers mouvements. Ainsi, dans tous les cas, il avait non-seulement la volonté, mais encore la pensée et le jugement conforme à celui de son supérieur. Jamais il ne cherchait le pourquoi de l'ordre qu'on donnait. Il lui suffisait de savoir que c'était un ordre du supérieur pour l'approuver et l'exécuter. Cette perfection d'obéissance naissait en lui de ce qu'il regardait tous ceux qui étaient ses supérieurs comme tenant la place de Dieu ; et il disait à ce propos que les hommes étant obligés d'obéir à Dieu, qui est invisible, et ne pouvant recevoir immédiatement de lui ses ordres, Dieu tenait sur la terre les supérieurs comme ses vicaires et les interprètes de ses volontés. Par leur moyen, il nous fait savoir ce qu'il attend de nous, et il veut que nous leur obéissions comme à lui-même : « Comme un
» roi, ajoutait-il, ou tout autre prince se sert, pour si-
» gnifier ses ordres, de quelques-uns des premiers of-
» ficiers de sa cour, celui qui reçoit l'ordre ne le regarde

» pas comme venant de celui qui le lui intime, mais
» comme un ordre du roi ou du prince ; c'est pourquoi
» il l exécute. »

De cette persuasion naissait le respect et la déférence qu'il avait pour les supérieurs, et son dévouement pour eux. Il les regardait comme des officiers de Dieu, et les interprètes des volontés de sa divine majesté. Ces réflexions lui faisaient recevoir avec un grand plaisir les ordres que le supérieur lui donnait, soit que ce supérieur fût savant ou ignorant, saint ou imparfait, qualifié ou non : il obéissait également à tous, parce qu'il reconnaissait dans tout supérieur le vicaire de Dieu.

Un jour qu'il était dans sa chambre avec son compagnon, celui-ci voulut écrire une lettre. N'ayant pas de papier, il en demanda une demi-feuille à Louis. Louis, pour observer la règle qui défend de rien prêter ou donner sans permission, ne répond rien à la demande, comme s'il ne l'avait pas entendue ; mais, sortant à l'instant, il alla demander au supérieur la permission de donner ce papier. Rentrant ensuite à la chambre, il dit à son compagnon : *Il me semble que vous m'avez demandé du papier;* et il lui en offrit. La même chose lui est arrivée en plusieurs autres occasions. Enfin, je ne sais comment donner une idée plus grande de son attention à observer ses règles, qu'en disant que pendant tout le temps qu'il vécut dans la Compagnie, il ne rompit jamais celle du silence, ni celle qui ordonne aux étudiants de parler latin. Il était cependant bien facile de manquer à ces deux règles.

Louis était si parfaitement amateur de la pauvreté religieuse, qu'il y trouvait autant de satisfaction que les avares en goûtent dans la possession de leurs richesses. Dans le siècle même, il montra de la prédilection pour cette vertu, en ne portant que les habits les plus simples. Mais dans la Compagnie, qu'il avait coutume d'appeler la vraie maison de la sainte pauvreté, jusqu'où ne porta-t-il pas la pratique de cette vertu ? Il avait en horreur tout ce qui semblait avoir l'air de propriété. Jamais il ne voulut d'autres vêtements que ceux du commun, ni de livres à son usage particulier qu'il pût porter avec soi : jamais de montre, ni même aucune sorte d'étui, ni de chapelet qui fût de matière ou précieuse ou rare. Il donnait volontiers aux autres les choses de dévotion qu'il pouvait avoir, et il n'aimait point qu'on lui fit de ces petits présents. Il n'avait aucune sorte de reliquaires, ni de tableaux, ni de cadres particuliers. Il se contentait des images communes qu'il trouvait dans la chambre. On lui vit tout au plus deux images de papier que ses confrères lui avaient fait accepter à force d'instances, e avec la permission des supérieurs ; l'une représentait saint Thomas d'Aquin, et l'autre sainte Catherine. Il avait dévotion au premier, parce qu'il en étudiait la doctrine ; et à la seconde, parce qu'il était entré en religion le jour de sa fête. Il ne voulait pas même de ces sortes d'images dans son bréviaire, comme on en a communément pour servir d'indications.

Comme plusieurs personnes lui offraient par estime des choses de dévotion, qu'elles le forçaient, pour ainsi dire, d'accepter, ayant soin d'en demander auparavant la permission aux supérieurs, s'il pouvait poliment se dispenser de les accepter, il les refusait ; s'il était obligé de les agréer, crainte de mortifier les personnes qui les lui présentaient, il les remettait aussitôt entre les mains des supérieurs, ou demandait la permission de s'en défaire à la première occasion. Tout son plaisir était de ne rien avoir au monde, de ne rien souhaiter et d'être détaché de tout. Quand on lui donnait, suivant les saisons, des habits quels qu'ils fussent, trop courts ou trop longs, trop étroits ou trop larges, jamais il ne s'en plaignait. Si le tailleur lui demandait s'il était content de son ouvrage : *Il me paraît*, disait-il alors, *que la chose est bien.* C'était pour lui une consolation sensible quand il pouvait avoir ce qu'il y avait de plus mauvais. Si la chose était à son choix, il prenait toujours ce qu'il y avait de pis.

Voici comme il avait coutume d'interpréter la règle qui disait : « Que chacun se persuade que de toutes les
» choses de la maison, les plus mauvaises lui seront
» données pour sa plus grande mortification et le profit
» de son âme. Comme un pauvre mendiant, disait-il,
» quand il demande l'aumône, se persuade qu'on ne lui
» donnera pas ce qu'il y a de meilleur pour se couvrir,
» mais plutôt ce qu'on a de plus mauvais, si nous som-
» mes de vrais pauvres, nous devrons nous persuader
» qu'on nous donnera ce qu'on a de plus mauvais dans
» la maison. Cette parole, *se persuader*, ajoutait-il, ne
» ne dit-elle pas que nous tenons pour certain qu'il en
» sera ainsi, et qu'il convient qu'il en soit ainsi ? » Souvent il racontait à son confesseur, comme une grande faveur dont notre Seigneur l'avait gratifié, de ce que dans la distribution des habits il avait eu le plus mauvais. L'affection qu'il avait pour la pauvreté était si grande qu'il regardait cela comme une grâce spéciale et particulière.

Louis vivait dans la religion avec autant de réserve et de circonspection qu'aurait pu le faire un pauvre qu'on aurait ramassé par charité dans les rues. Il comptait par faveur tout ce qu'on lui donnait. S'il s'apercevait à table que quelque mets pouvait nuire à sa santé, il n'y touchait pas ; et comme il ne voulait pas qu'on lui donnât autre chose, il faisait tous ses efforts pour que ceux qui servaient ne s'en aperçussent pas.

On ne peut guère caractériser la parfaite pureté de Louis qu'en disant que, par une prérogative spéciale, il a toujours conservé ce précieux don du corps et de l'esprit dans le plus haut degré de perfection. Ce qui doit paraître d'autant plus merveilleux que, dans l'âge le plus critique, il ne se trouvait pas renfermé dans une maison religieuse, où, loin des occasions, fortifié par les bons exemples, par une multitude de secours spirituels, on a bien moins de peine à se conserver dans l'innocence qu'au milieu du monde.

Dès ses plus tendres années, il avait été obligé de vivre

dans les cours. Il avait passé de la cour de son père à celle du duc de Toscane, ensuite à celle du duc de Mantoue et du roi d'Espagne. Il avait eu à traiter, non-seulement avec les princes et les seigneurs de ces cours, mais encore avec toutes sortes de personnes, suivant les occasions. Cependant, au milieu des délices de la maison paternelle, au milieu des tentations si fréquentes dans les cours, il avait su conserver sans tache la robe de l'innocence baptismale, et en relever l'éclat par une pureté véritablement angélique.

Il était toujours sincère et vrai dans ce qu'il disait; de manière que tout le monde était persuadé qu'il parlait comme il pensait, sans équivoque et sans aucune dissimulation. Il avait coutume de dire que les artifices et les déguisements, soit dans les faits, soit dans les paroles, ne servaient qu'à ruiner le commerce social entre les hommes, et dans la religion à anéantir la simplicité religieuse.

Pour ce qui est de sa mortification, il était si porté à faire des pénitences corporelles, que si les supérieurs n'y avaient tenu la main, il aurait sûrement abrégé ses jours, sa ferveur lui faisant désirer en ce genre beaucoup plus qu'il ne pouvait. Quelques-uns qui connaissaient sa délicatesse et son peu de santé, lui disaient un jour qu'ils étaient surpris qu'il n'eût aucun scrupule d'être continuellement à importuner les supérieurs pour leur demander des pénitences. Sa réponse fut que, persuadé de la faiblesse de son tempérament, et cependant porté à de pareils exercices de pénitence, il croyait que les supérieurs, qui savaient le tout, ne lui accorderaient que ce qui serait de la volonté de Dieu, et qu'ils lui refuseraient le reste. Il ajoutait encore que quelquefois il demandait des choses qu'il savait sûrement lui devoir être refusées; mais que, ne pouvant les faire, il voulait au moins en faire une offrande au Seigneur; ce qui, par bien des raisons, ne pouvait tourner qu'à son profit, ne fût-ce que d'être humilié par ceux qui étaient surpris qu'il fît de pareilles propositions, croyant qu'en cela il ne se connaissait pas lui-même.

Quelqu'un lui dit un jour qu'il était surpris de ce que, étant si sage, il tenait si peu de compte de pères si pieux et si respectables, lesquels l'avaient si souvent exhorté à modérer ses pénitences et sa grande application aux choses spirituelles. A quoi Louis répondit : « Deux sortes de personnes me donnent cet avis ; quelques-uns mènent une vie si sainte et si parfaite, que je ne vois rien en eux que je ne voulusse imiter. Je me suis même trouvé plusieurs fois dans la résolution de suivre leurs conseils : mais assuré qu'ils ne les observaient pas eux-mêmes, j'ai cru qu'il valait encore mieux suivre leurs exemples que les conseils qu'ils me donnaient par trop de compassion et de charité pour moi. Les autres suivaient à la vérité les conseils qu'ils me donnent, n'étant pas fort portés à ces pénitences ; mais j'aime beaucoup mieux imiter les exemples des premiers que de suivre les avis des seconds. » Il donnait encore une autre raison de sa conduite, c'est qu'il doutait très fort que la nature, privée du secours de la pénitence et de la mortification, pût se conserver longtemps en bon état, sans retourner insensiblement à ce qu'elle était auparavant, et sans perdre ce qu'elle avait acquis de forces spirituelles.

Parlant de lui, il disait qu'il était un fer tortu, et qu'il était venu en religion pour le redresser par le marteau de la pénitence et de la mortification. Quand quelqu'un lui disait que la perfection consistait dans l'intérieur, et qu'il valait mieux discipliner la volonté que le corps, Louis répondait qu'il fallait faire l'un et l'autre ; que c'est ainsi qu'avaient fait les saints et les pères de la Compagnie, particulièrement saint Ignace ; que dans ses constitutions il ne prescrivait rien aux profès ni aux autres membres de la Compagnie, par rapport aux jeûnes, abstinences, mortifications et pénitences corporelles, parce qu'il supposait qu'ils auraient tant de perfection et seraient si fort portés d'eux-mêmes à toutes ces pratiques, qu'ils auraient plutôt besoin d'être modérés que d'y être excités, surtout quand ils seraient convaincus que les macérations du corps n'empêchent pas les fonctions de l'esprit.

Quand les supérieurs refusaient à Louis quelques pénitences, il cherchait à s'en dédommager, suivant le conseil de l'*Imitation*, par quelque acte de vertu intérieure : il faisait alors une visite au saint Sacrement, ou il cherchait des moyens de mortifier son corps, soit qu'il marchât, soit qu'il reposât, soit qu'il fût debout, soit qu'il fût assis; et parce que les supérieurs, quelquefois le voyant faible, lui défendaient les cilices, les disciplines, les jeûnes extraordinaires, il s'étudiait à trouver d'autres mortifications qui ne fussent pas contraires à la volonté des supérieurs, et qui ne nuisissent pas à sa santé, et il les leur proposait.

Dans la mortification des passions, il ne semblait pas apporter tant d'attention, parce qu'il les tenait tellement assujéties qu'il paraissait n'en avoir aucune. Il veillait avec le plus grand soin sur les mouvements de son esprit, et quand il s'apercevait d'avoir commis quelque faute, il ne s'en affligeait pas trop ; mais sur-le-champ il s'humiliait en la présence de Dieu, et demandait pardon à la divine miséricorde, prenant la résolution de s'en confesser : puis il s'en tranquillisait. C'est ce qu'il avait appris de son maître des novices, lequel disait à tous, en général, que quand il arrive à quelqu'un de tomber dans quelque défaut, le meilleur remède, qui plait très fort à Dieu et qui confond le plus le démon, est de s'humilier aussitôt en sa divine présence, et élevant son esprit au ciel, dire à Dieu : O Seigneur ! vous voyez combien je suis fragile et misérable, et avec quelle facilité je tombe : pardonnez-moi, Seigneur, et me faites la grâce ne ne plus faillir. Louis ne manquait pas à cette pratique : il disait que se trop affliger d'une faute pouvait être un signe qu'on ne se connait pas assez bien soi-même; que quiconque se connaît bien doit savoir qu'il n'est qu'une terre capable de produire des ronces et des épines. Son grand soin était de découvrir le principe et la source de ses pensées et de ses désirs, pour connaître s'il y avait de sa faute. Dans ses confessions, il était clair, précis, sans scrupule, et, selon le rapport du cardinal Bellarmin, il était en état de pouvoir dire au juste jusqu'où était allé un désir, une pensée, une action, et cela avec autant de netteté et de précision que s'il l'eût eu sous les yeux, tant il était éclairé sur son intérieur et se connaissait parfaitement.

Il souhaitait fort qu'on lui fît des réprimandes publiques : il donnait à cette intention une liste de ses défauts aux supérieurs; mais s'étant aperçu que souvent, au lieu de le reprendre, on le louait et qu'on relevait ses vertus, les supérieurs ne trouvant pas matière à réprimande dans ce qu'il leur donnait pour faute ou manquement, il prit le parti de ne plus leur donner de ces listes, disant qu'il y perdait plus qu'il n'y gagnait.

Louis estimait singulièrement les exercices spirituels de saint Ignace, comme des moyens très propres, non-seulement à convertir les âmes et à les former à une vie sainte, mais encore à renouveler la ferveur dans les exercices; et comme ces exercices sont partagés en quatre semaines, il avait rédigé en latin certains avis et certaines sentences pour chacune de ces quatre semaines, conformément aux matières qu'on y médite et à la fin qu'on s'y propose. Mais comme après sa mort on prit tous ses écrits spirituels, je n'ai pu m'en procurer que ce que je vais rapporter ici pour la première semaine. Voici comme il s'exprime :

« Les jugements de Dieu sont impénétrables; qui sait
» s'il m'a pardonné les péchés commis dans le siècle?

» Les colonnes du ciel sont tombées, se sont brisées,
» qui peut me promettre la persévérance?

» Le monde est enfoncé dans la plus profonde malice;
» qui pourra apaiser la juste colère du Tout-Puissant?

» Les religieux et bien des ecclésiastiques oublient
» leur vocation; comment le Seigneur souffrira-t-il da-
» vantage un si grand désordre dans son royaume?

» Les fidèles, par leur tiédeur, diminuent, tant qu'ils
» vivent, la gloire de Dieu; qui la rétablira donc?

» Malheur aux séculiers qui diffèrent leurs pénitences
» jusqu'à la mort! malheur aux religieux qui auront
» dormi jusqu'à ce temps!

» C'est par ces considérations qu'il faut sortir de cet
» assoupissement, et renouveler la résolution de faire
» pénitence et de servir Dieu sans relâche. »

Louis avait pour le prochain une charité tendre, active et infatigable. C'est cette vertu qui lui faisait souhaiter d'aller souvent aux hôpitaux pour y servir les malades, faire leurs lits, leur donner à manger, balayer leurs chambres, les exhorter à la patience et à la confession. Il avait demandé la permission générale de visiter les malades de la maison; et personne n'était ni plus diligent, ni plus exact que lui à remplir, sans distinction de personnes, ces actes de charité. Non-seulement il visitait les malades, et les consolait; mais quand, à cause de ses maux de tête, les supérieurs lui interdisaient l'étude, il allait aider les infirmiers à nettoyer les ustensiles nécessaires aux malades ou aux convalescents, et à préparer ce qui devait leur servir.

Il ne se bornait pas à soulager uniquement les corps; son plus grand soin était pour les âmes. Il avait un zèle tout particulier pour leur salut. Si les supérieurs l'avaient jugé à propos, il serait parti pour les Indes, afin d'y travailler à la conversion des gentils. Ce fut toujours là son désir, et dans le siècle et dans la religion. Comme pendant les études il ne pouvait traiter au-dehors avec le prochain, il cherchait à se rendre du moins utile à ses frères au-dedans. Outre le bon exemple qu'il donnait à tout le monde par la vie irréprochable qu'il menait, il demanda au recteur, s'il le jugeait à propos, de lui permettre, dans les récréations du matin et du soir, de parler toujours des choses spirituelles, et de faire ainsi tomber les discours inutiles. Ayant obtenu cette permission, il communiqua son dessein au père spirituel, qui pour lors était le père Jérôme Ubaldini, lequel avait quitté la prélature romaine pour entrer dans la Compagnie. Louis le pria de vouloir bien s'intéresser à ce projet, qu'il recommanda fortement à Dieu. Cela fait, il choisit quelques-uns de ses confrères, qu'il crut être les plus propres à entrer dans ses vues : il leur dit que, pour son avantage, il souhaitait de pouvoir se rencontrer avec eux pendant le temps de la récréation, pour parler des choses de Dieu. Dès qu'il les vit disposés à le seconder, il commença à exécuter son projet.

S'il se rencontrait avec des Jésuites plus jeunes que lui, il parlait le premier, et les autres continuaient avec satisfaction, surtout s'apercevant du grand profit qu'ils retiraient de ses discours. Quand il était avec des prêtres et des personnes plus avancées que lui, il leur proposait quelque doute en matières spirituelles, leur demandant leur avis pour s'instruire, et par là il faisait tomber le discours sur les choses de Dieu. Dès qu'on le voyait venir, on était si persuadé qu'il n'avait de goût que pour ces discours-là, qu'on ne parlait point d'autres choses ; et si par hasard la conversation roulait sur quelque autre matière, on l'interrompait volontiers pour le satisfaire. Les supérieurs eux-mêmes avaient cette condescendance. Quand il se trouvait avec ses égaux, s'ils étaient de ceux qui étaient entrés dans son projet, il n'avait aucune peine à parler avec eux des choses saintes ; si c'étaient d'autres jeunes gens, alors il commençait à introduire quelque discours de dévotion ; et comme ils étaient tous des religieux qui désiraient véritablement leur avancement spirituel, ils se plaisaient volontiers à tenir les mêmes discours. Quand quelqu'un venait du noviciat, ou d'ailleurs, pour étudier au collège, Louis faisait tous ses efforts, soit par lui-même, soit par l'entremise de quelque ami du nouveau venu, pour qu'il conservât là ferveur et l'esprit qu'il apportait du noviciat. Dès les premiers jours il s'insinuait auprès de lui; il l'assurait que, s'il voulait se conserver et avancer dans la vertu, il trouverait sûrement qui l'aiderait. Jusqu'à ce qu'il l'eût bien connu par lui-même, il l'adressait à trois ou quatre des plus fervents et des plus spirituels. De cette façon il réussissait heureusement à faire ce qu'il voulait.

De plus, s'il découvrait que quelqu'un du collége eût besoin de secours spirituels, il n'oubliait rien pour se l'attacher; et pendant plusieurs jours, et même plusieurs semaines, il passait avec lui les récréations, sans s'embarrasser de ce qu'on en pouvait dire. Quand il croyait l'avoir amené au point de vertu ou de perfection qu'il s'était proposé, peu à peu il se retirait de sa conversation, lui disant que, pour l'édification commune, il convenait de ne point faire bande à part; il l'exhortait à faire un bon choix parmi ses confrères; il lui en assignait même quelques-uns en particulier. Il avait encore soin d'avertir les autres de chercher les occasions de s'entretenir avec lui, parce qu'il savait qu'il avait de bons désirs. Quand il avait ainsi fini avec l'un, il se mettait à la recherche d'un autre. Avec de pareilles industries il réussit à en aider plusieurs en peu de semaines; il sut allumer dans les plus froids un feu divin, et mettre tout le collége Romain dans la plus grande ferveur.

Ce collége était alors composé de plus de deux cents personnes; je me souviens d'avoir vu plusieurs fois avec admiration que, pendant l'heure de la récréation, on se réunissait en petites bandes, et comme je les connaissais tous, j'étais assuré qu'il n'y en avait aucune où l'on ne parlât de Dieu. Ainsi la récréation devenait comme une conférence spirituelle, de laquelle plusieurs avouaient avoir retiré plus de fruit que de l'oraison. On se communiquait avec simplicité les lumières et les sentiments que Dieu donnait dans l'oraison : ainsi chacun participait au bien de tous les autres. Tout cela se passait avec tant de douceur et de consolation réciproque, que c'eût été pour eux une peine bien sensible de rentrer à leurs chambres, après la récréation, sans avoir parlé de Dieu. Tels étaient aussi les discours qu'ils tenaient quand ils allaient ensemble à la promenade. On eût dit qu'ils n'eussent pu avoir ces jours-là un plus grand plaisir que de se mettre deux à deux ou quatre à quatre, pour parler de Dieu et des choses du ciel.

Aux mois de septembre et d'octobre, temps des vacances, auquel on envoyait la jeunesse à Frascati se délasser des études, avec la permission des supérieurs, l'un portait avec soi une Imitation de Jésus-Christ; l'autre une vie de saint François, ou de sainte Catherine de Sienne, ou de saint Ignace ; d'autres les chroniques de l'ordre de Saint-Dominique ou de Saint-François; quelques-uns les Confessions et les Soliloques de saint Augustin ; les explications des cantiques par saint Bernard. Ceux qui étaient plus avancés dans la vie spirituelle lisaient la vie de la bienheureuse Catherine de Gênes; ceux qui étaient portés au mépris d'eux-mêmes lisaient les vies des bienheureux Jacques et Jean Columbino. Pleins de ces lectures, ils sortaient et le matin et l'après-dîner deux ou trois ensemble, pour se promener et se raconter ce qu'ils avaient retenu de leurs lectures. Quelquefois, se réunissant dix ou douze ensemble au milieu des bois qui couvrent les coteaux du voisinage, ils s'arrêtaient pour faire ensemble leur conférence spirituelle, avec tant de consolation et de ferveur, qu'on les eût pris pour autant d'anges du ciel. De cette façon, les vacances de Frascati servaient autant à fortifier leur âme que leur corps. L'un servait d'exemple à l'autre, comme d'éperon pour le faire avancer dans les voies du Seigneur.

La gloire de cette admirable ferveur se devait à Louis; il en était le moteur principal. Aussi tous l'aimaient, l'admiraient, et se faisaient un devoir de le rechercher pour lui parler et l'écouter. Ce qui rendait Louis plus aimable à tous, c'est qu'il ne tenait pas toujours l'esprit à la gêne; il savait avec prudence débander l'arc, et s'accommoder aux lieux, aux temps et aux personnes. Quoiqu'il fût sérieux en conduite, il n'était ni farouche ni gênant dans la conversation, mais doux, gracieux et affable avec tout le monde : quelquefois même il mettait en avant quelques propos joyeux et spirituels, et racontait quelque histoire ou quelque exemple propres à amuser, mais toujours dans les bornes d'une modestie religieuse. Telle fut la vie que Louis mena les deux premières années et demie qu'il passa au collége Romain, et tels sont les effets qu'il y produisit.

Nous omettrons les détails du voyage que Louis fit à Mantoue et à Châtillon pour y terminer quelques affaires de famille, de son séjour à Châtillon, et de l'heureux succès de la négociation qu'il avait acceptée par obéissance. Inutile d'ajouter qu'il fut partout et toujours un parfait modèle de vertu. Nous arrivons à l'époque la plus importante de sa vie.

Notre saint jeune homme, orné de tant de vertus, était depuis longtemps un fruit mûr pour le ciel. La sainte vie qu'il avait menée jusqu'alors parmi les hommes l'avait rendu digne d'aller vivre parmi les heureux. Le Seigneur lui donna quelque indice qu'il ne tarderait pas à l'appeler à lui, pour lui donner la récompense qu'il s'était acquise en si peu d'années, par le soin qu'il avait eu de les rendre bien pleines. Etant donc encore à Milan (c'était environ un an avant son heureuse mort), faisant le matin son oraison, et se trouvant dans une haute contemplation, le Seigneur, par une lumière intérieure, lui fit connaître qu'il ne tarderait pas à l'appeler à lui, et que le temps qui lui restait à vivre devait être fort court. Il lui dit en même temps de le servir pendant cette année avec encore plus de ferveur et avec un détachement plus parfait de toutes choses, et de s'appliquer avec encore plus de soin que par le passé à la pratique de toutes les vertus soit intérieures, soit extérieures. Cette révélation produisit en lui un si grand changement, qu'il se sentit encore plus détaché qu'auparavant de tous les objets de ce monde. Il tint cette révélation fort secrète, et n'en parla qu'à son retour à Rome, et à très peu de personnes.

Louis continua ses études de théologie avec la même application qu'auparavant, ne pouvant rien ajouter ni au motif ni à la matière. Il souhaitait de quitter Milan et de retourner à Rome, où il avait pris les premières leçons de la vie religieuse, et où il avait plusieurs de ses compagnons et amis spirituels. Mais crainte de blesser en rien l'indifférence dans laquelle il voulait être pour les ordres des supérieurs, il ne fit rien connaître de son goût pour cela. Mais le Seigneur voulut qu'il vînt consoler ses frères qui le demandaient au collége Romain. Ainsi le père général sachant qu'il avait terminé les affaires pour lesquelles il était allé à Milan, que l'hiver ne faisait plus sentir ses rigueurs, pressé d'ailleurs par le père Rossignoli, recteur du collége Romain, qui souhaitait le retour de Louis pour le bien spirituel de la nombreuse jeunesse de son collége, il se détermina à le faire revenir à Rome. J'eus ordre de lui en donner la première nouvelle. Ma lettre lui fit un plaisir si sensible, qu'il en eut du scrupule. Il pria le père Médicis de dire une messe pour demander à Dieu qu'il fût mortifié dans son désir, si le Seigneur en devait être le plus glorifié. Peu de temps après, il reçut l'ordre du général même pour revenir.

Ce fut donc au commencement de mai, l'an 1590, qu'il se mit en route avec le père Grégoire Mastrelli et quelques autres Jésuites. Il garda pendant ce voyage le même régime que dans les précédents. Il retirait de ce régime autant de consolation que les pères qui étaient avec lui en recevaient d'édification. Ils cherchaient bien à le distraire un peu de ses continuelles méditations, le voyant la plupart du temps garder le silence et comme absorbé. On éprouvait alors une grande disette. On ne voyait dans les routes, et en particulier dans les montagnes qui séparent la Toscane de la Lombardie, que de pauvres mendiants. Un des pères voyageurs dit à ce sujet : « Mon cher frère, que nous sommes redevables au Seigneur de ce que nous ne sommes pas nés comme ces pauvres ! » A quoi Louis répondit sur-le-champ : « Notre reconnaissance doit être bien plus grande de n'être pas venus au monde parmi les Turcs. » Louis croyait que ses compagnons de voyage avaient pour lui trop d'égards ; il assura même l'un d'eux qu'il aimerait bien mieux être avec des personnes qui n'auraient pour lui aucune considération.

Arrivé à Sienne, il souhaita de communier dans la chambre de sainte Catherine de Sienne. Il alla y servir la messe à un des pères avec qui il était venu à Florence, et il communia avec des sentiments particuliers de la plus tendre dévotion. On le pria au collége de faire un discours de piété aux jeunes congréganistes de la sainte Vierge. Ayant accepté cette commission, il se retira dans une tribune pour faire oraison devant le saint Sacrement. C'est là qu'il prépara, sans rien lire, son discours ; ensuite il se retira à sa chambre pour écrire ce qu'il avait pensé. Il parla avec tant d'onction et d'efficacité à ces jeunes gens, qui d'ailleurs connaissaient parfaitement la haute naissance de celui qui les prêchait, qu'il fit naître à plusieurs d'entre eux les désirs de renoncer au monde et de se faire religieux. On fut même obligé de distribuer différentes copies de ce discours à plusieurs qui le demandaient avec instance. Un prédicateur jésuite conserva par dévotion l'original de ce discours écrit de la main de Louis. Enfin on arriva à Rome. Ce fut avec beaucoup de joie que les pères et les frères du collége Romain le revirent au milieu d'eux. Il ne pouvait se lasser de le voir, de lui parler, et de goûter les fruits de sa très sainte conversation.

Le sage dit que la vie du juste est comme une lumière éclatante, qui commençant à l'aurore, comme le jour, va toujours croissant, jusqu'à ce qu'elle parvienne à la perfection du jour, qui est l'heure où le soleil est à son point de la plus haute élévation. Telle fut la vie de Louis. Elle commença dès ses plus tendres années à briller par la candeur de son innocence. Elle augmenta son éclat à mesure qu'il avança en âge, croissant de vertu en vertu. Sa lumière alla donc toujours en augmentant, jusqu'à ce qu'elle arriva à une telle perfection de la sainteté, qu'on peut dire qu'elle atteignit la splendeur du jour parfait. Tous ceux qui conversaient avec lui avouaient que, soit par ses pensées, soit par ses affections, il tenait déjà bien plus au ciel qu'à la terre. Sa vie était parfaitement détachée de toutes les choses du monde. Il me dit ces paroles remarquables à son arrivée à Rome : « J'ai déjà enterré mes morts, je n'ai plus à y » penser ; il est temps désormais que nous pensions à » l'autre vie. »

Peu après son arrivée, il alla chez le père recteur du collége, et lui remit tous ses écrits spirituels et de théologie. Il se trouva parmi ces derniers certaines spéculations sur saint Thomas, qui étaient très belles. Le recteur lui demandant pourquoi il se privait ainsi de ses propres écrits, il lui répondit qu'il sentait y avoir un peu d'affection, comme à son ouvrage ; que n'ayant au monde que cette seule affection, il voulait en faire le sacrifice, pour être véritablement détaché de tout. Il était alors parvenu à une sublimité de perfection qu'il serait à souhaiter que tous les religieux connussent et imitassent. L'homme goûte naturellement un certain plaisir et sent une certaine complaisance à se voir singulièrement aimé, surtout des supérieurs, et caressé des personnes de marque. On regarde ce témoignage de bienveillance comme des signes non équivoques de satisfaction. Il arrive de là que quelques-uns non-seulement s'en font un mérite, mais encore se délectent à le raconter. Louis était bien éloigné de ce défaut. Si on lui donnait quelque signe d'estime, il n'y paraissait sensible qu'en faisant connaître le plaisir qu'il en éprouvait. Il était si parfaitement mort à l'amour-propre, que, pour lui plaire, on affectait de ne pas tenir plus de compte de lui que de tous les autres.

Comme il était plein d'affabilité pour tout le monde, et que sa charité universelle le rendait le même pour tous, on recherchait sa conversation, et l'on se disputait le plaisir de l'entendre en récréation parler hautement de Dieu, des choses du ciel et de la perfection. Je sais par expérience et par le rapport d'autrui, que plusieurs, au sortir de sa conversation, se trouvaient plus fervents qu'au sortir de leur oraison. Quand il se rencontrait tête à tête avec quelqu'un de ceux avec lesquels il pouvait s'ouvrir confidemment, alors il découvrait les affections divines de son âme, et ceux qui l'écoutaient étaient étonnés. Il leur donnait matière de soupirer, et en même temps d'admirer une si haute contemplation et une union si parfaite avec Dieu. Son amour pour Dieu était tel que, quand il en entendait lire quelque chose à table ou qu'on en parlait, tout en lui s'attendrissait; et l'intérieur influant sur l'extérieur, son visage paraissait tout enflammé, sans qu'il pût proférer une parole. Une fois en particulier, étant à table et entendant lire quelque chose sur l'amour divin, il sentit naître en lui ce feu extraordinaire, de sorte qu'il ne put pas continuer à manger. Nous qui étions ses voisins, nous nous en aperçûmes; ne sachant pas de quoi il était question, et craignant qu'il ne se trouvât mal, nous le regardions fixement, et nous lui demandâmes s'il lui manquait quelque chose. Ne pouvant nous répondre, il fut mortifié qu'on se fût aperçu de son état. Il avait alors les yeux baissés, d'où nous voyions couler quelques larmes, le visage en feu, et la poitrine si élevée que nous craignions qu'il se rompît quelque vaisseau. Chacun de nous lui portait envie. Vers la fin du repas, il revint peu à peu à son état ordinaire. Quelques-uns de ceux qui savaient ce qui lui faisait le plus d'impression, prenaient plaisir, en récréation, à faire tomber le discours sur la charité de Dieu pour le genre humain, afin de le voir s'enflammer;

d'autres, au contraire, témoins de ce qu'il souffrait alors interrompaient ces discours pour ne pas nuire à sa santé.

Quand il passait par les salles et les galeries, il était si absorbé en Dieu, que plusieurs fois j'éprouvai de passer devant lui et de le saluer, sans qu'il s'en aperçût; quelquefois on le voyait dans ces mêmes lieux réciter quelques dizaines de son chapelet, ou vaquer à quelque autre dévotion; de temps en temps il se mettait à genoux, se relevait puis recommençait : tout cela aurait paru singulier dans un autre, et ne l'était point en lui. Dans cette dernière annnée, il s'était prescrit une heure par jour de lecture spirituelle. Il goûtait beaucoup les Soliloques de saint Augustin, la vie de sainte Catherine de Gênes, l'explication des cantiques de saint Bernard, et particulièrement sa lettre intitulée : *Aux frères du Mont-Dieu*; il la savait presque par cœur. Pour mieux profiter de ce qu'il lisait, il notait ce qui le touchait davantage, comme on l'a vu dans ses papiers après sa mort.

Quand Louis fut sur le point de commencer sa quatrième année de théologie, en novembre 1590, les supérieurs le forcèrent à prendre une chambre seule; alors il fit instance pour n'avoir du moins qu'un petit réduit qui était au haut d'un escalier, noir, bas et étroit, dont la fenêtre donnait sur le toit, et où pouvaient à peine tenir son lit, une chaise de bois et un prie-Dieu dont il se servait au lieu de table pour étudier; de sorte qu'on eût plutôt pris ce lieu pour une prison que pour une chambre. C'est pour cette raison qu'on ne donnait cette chambre à aucun étudiant. Le père recteur étant un jour allé le voir dans ce réduit, le trouva ausssi enchanté de sa petite demeure qu'on peut l'être d'un palais. Nous prenions plaisir à lui dire que, comme saint Alexis avait choisi de demeurer sous un escalier par un esprit de pauvreté, lui, par le même motif, avait choisi d'être logé sur le haut d'un escalier, et dans une vraie chamière. En un mot, il vivait dans un tel état de perfection que personne ne pouvait rien apercevoir en lui qui avoisinât l'imperfection. C'est ce que ses supérieurs, ses compagnons et condisciples ont plusieurs fois témoigné. Un jésuite qui, pendant environ deux ans, avait occupé une même chambre avec Louis au collége Romain, déclara qu'ayant eu l'un et l'autre ordre du père recteur de se reprendre avec charité des défauts qu'ils se reconnaîtraient, dans tout ce temps il n'avait rien aperçu dans ce saint jeune homme qui eût l'air de manquement, quoiqu'ils fussent toujours ensemble, et que Louis eût en lui une grande confiance.

Le père prédicateur avait pour lui une si grande vénération, et lui portait tant de respect, qu'il n'osa jamais converser avec lui ni lui parler, quoiqu'il le désirât beaucoup et qu'il en eût l'occasion.

Peu de mois avant sa dernière maladie, Louis sentit augmenter en lui le désir de la céleste patrie; il parlait volontiers de la mort. Il disait alors que plus il vivait, et plus augmentait en lui le doute de son salut; que s'il vivait plus longtemps, il craignait que ses doutes ne fissent qu'augmenter, à cause des affaires qui pouvaient lui survenir, et l'ordre de la prêtrise qu'il serait obligé de recevoir. La raison qu'il donnait de cela était que les prêtres, soit par l'office qu'ils sont obligés de réciter, soit par les messes qu'ils célèbrent, ont un plus grand compte à rendre à Dieu; et plus encore les prêtres qui travaillent au salut des âmes, en confessant, prêchant, dirigeant et administrant les sacrements; qu'au contraire, dans l'état où il se trouvait, n'étant pas encore dans les ordres sacrés, il avait une grande sécurité sur son salut parce que son âme n'aurait pas à répondre des fautes qu'il pourrait commettre dans ces importantes fonctions; qu'ainsi il accepterait bien volontiers la mort à l'âge où il était, s'il plaisait à Dieu de l'appeler à lui. Il fit en effet le sacrifice de sa vie à l'occasion qu'on va raconter.

L'année 1591 fut une année affreuse dans toute l'Italie,

par toute la mortalité qu'occasionna la disette de vivres et une famine presque générale. La mortalité fut plus grande à Rome, à cause de la multitude de gens qui vinrent de toutes parts s'y réfugier dans l'espérance d'y trouver des secours. Les pères de la Compagnie de Jésus, soit par leurs propres aumônes, soit par celles qu'on leur confiait, firent ce qu'ils purent pour soulager la misère publique : non-seulement ils se dévouèrent à servir les malades dans les hôpitaux de Rome; mais le père Claude Aquaviva, alors général, qui s'était chargé du soin des lépreux, ordonna à ses inférieurs d'établir encore pour un temps un autre hôpital, ce qui fut exécuté. Dans cette fâcheuse circonstance, Louis fit connaître toute l'étendue de sa charité. On le vit souvent parcourir les rues de Rome, cherchant des aumônes pour les pauvres malades. On admirait avec quelle satisfaction il s'acquittait de cette fonction.

Un jour, entre autres, sachant que D. Jean de Médicis était arrivé à Rome pour négocier quelque affaire avec le pape Grégoire XIV, Louis, qui avait connu ce seigneur dans sa jeunesse, et avait eu des liaisons particulières avec lui, à cause des bons sentiments qu'il voyait en lui, demanda permission au père provincial de lui faire une visite avec une soutane toute déchirée et une besace sur l'épaule, déclarant qu'il en usait ainsi pour en avoir une bonne aumône pour les pauvres de l'hôpital; mais il avait encore un autre motif. Comme ce seigneur lui avait toujours témoigné beaucoup de bonté, il croyait qu'il était de son devoir de chercher à l'aider spirituellement, et à lui inspirer par son exemple le mépris de toutes les choses du monde. Ayant obtenu la permission qu'il demandait, il alla ainsi revêtu faire sa visite, et réussit dans les deux objets qu'il s'était proposés. Il eut de ce prince une aumône considérable, et le laissa touché, édifié et pénétré des meilleurs sentiments.

Louis voulut de plus aller servir lui-même les malades à l'hôpital. Les supérieurs eurent beaucoup de peine à y consentir; mais il leur fit de si fortes instances, leur citant l'exemple des autres jésuites qui y allaient, qu'il obtint la permission d'y aller quelquefois. Un de ses compagnons, nommé Bondi, ayant été averti d'agir avec précaution dans le service des malades, à cause de la contagion qui était parmi eux, répondit à celui qui lui donnait cet avertissement, qu'ayant devant les yeux l'exemple de Louis, qui se portait à ce service avec tant de charité et si peu de ménagement, il ne consentirait jamais à s'épargner, quelque danger qu'il y eût pour lui, fût-ce d'en mourir. Ce même Bondi se sentit dans ce même temps animé d'une ferveur d'esprit si grande que plusieurs, qui avaient avec lui quelques liaisons particulières, remarquèrent en lui ce changement extraordinaire, qui les réjouit autant qu'il les surprit. Il fut en effet la première victime de la charité.

Cependant la mortalité redoublait ses ravages. C'était un objet d'horreur de voir tant de moribonds se traîner nus dans l'hôpital : plusieurs tombaient morts sur les escaliers et répandaient l'infection. D'un autre côté, on admirait l'héroïsme de la plus grande charité dans Louis et ses compagnons. On les voyait voler au service de ces pauvres malades avec autant d'empressement que de satisfaction. Ils les déshabillaient, les mettaient au lit, leur lavaient les pieds, raccommodaient leurs lits quand ils en avaient besoin, leur donnaient à manger, les disposaient à la confession, et les exhortaient à la patience. On remarqua que Louis cherchait toujours les malades les plus dégoûtants, et qu'il ne les quittait qu'avec peine.

La maladie était contagieuse, plusieurs jésuites en furent attaqués. Bondi, qui en mourut, ne fut pas le seul qu'elle enleva. Louis, le voyant à l'agonie, dit à l'un de ses confrères : « Oh! que je serais charmé de faire un » échange avec Bondi, et de mourir à sa place, si notre » Seigneur voulait me faire cette grâce ! » Sur une observation que lui fit celui auquel il parlait, Louis ajouta :

« Je ne vous dis cela que parce que j'ai quelque proba-
» bilité d'être en grâce avec Dieu ; et ne sachant ce qui
» peut arriver dans la suite, je mourrais volontiers à
» présent. » Ce fut dans le même temps qu'il dit au
père Bellarmin : « Je crois, mon père, que les jours qui
» me restent sont en petit nombre. » Ce père lui ayant
demandé sur quel fondement il parlait ainsi : « C'est, »
répondit-il, « que je me trouve avoir un désir extraor-
» dinaire de travailler à servir Dieu ; et mon désir est si
» vif que je me figure que Dieu ne m'accorderait pas
» cette grâce, s'il ne devait bientôt m'enlever de ce
» monde. »

Le Seigneur ne tarda pas à exaucer les désirs de Louis. Les supérieurs voyant que plusieurs de ceux qui servaient dans les hôpitaux tombaient malades, défendirent à Louis d'y aller davantage ; mais il fit tant d'instance pour y retourner, qu'on y consentit. On eut seulement soin de lui assigner l'hôpital de la Consolation, où pour l'ordinaire on ne recevait point de malades contagieux. Malgré ces précautions, presqu'au même temps Louis tomba malade du même mal que ses compagnons. Il se mit au lit le 3 mars 1591, persuadé, dès cette première attaque, que cette maladie serait pour lui la dernière. On vit sur son visage et dans toutes ses actions une joie toute particulière. Ceux à qui il avait confié la révélation qu'il avait eue à Milan ne doutèrent pas, en voyant sa grande satisfaction, que le temps de sa mort, qu'il avait tant souhaitée, ne fût arrivé ; et cela était vrai.

Ce grand désir que Louis sentait de mourir lui donna quelque scrupule : il craignit qu'il n'y eût quelque imperfection. Pour l'en éclaircir, il proposa son doute au père Bellarmin, son confesseur. Ce père l'ayant assuré que le désir de mourir pour s'unir à Dieu n'était point un mal, surtout quand il était accompagné d'une sincère résignation à la volonté de Dieu, et que plusieurs saints avaient eu ce désir, alors Louis s'abandonna avec encore plus d'affection au désir de la vie éternelle. La malignité du mal, qui était une fièvre pestilentielle, fit tant de progrès, qu'au septième jour de la maladie il se trouva à l'extrémité. Alors il demanda avec beaucoup d'instance à se confesser. Il reçut ensuite le saint viatique et l'extrême-onction des mains du père recteur. Il répondit à toutes les prières avec de grands sentiments de dévotion : tous les assistants fondaient en larmes : ils regrettaient la perte d'un frère si saint et qui leur était si cher.

Tandis que Louis avait joui d'une certaine santé, il pratiquait tant de pénitences et de mortifications qu'il semblait par là notablement abréger ses jours. Plusieurs jésuites ses amis lui avaient fait quelquefois des reproches à ce sujet, et lui avaient dit qu'au moment de la mort il en aurait les mêmes scrupules qu'avait eus saint Bernard. Louis, pour ne laisser à personne aucun doute là-dessus, après avoir reçu le saint viatique, la tête parfaitement saine, sa chambre pleine des pères et des frères, pria le père recteur de leur déclarer à tous qu'il ne se sentait aucun scrupule des pénitences et des mortifications qu'il avait pratiquées; qu'au contraire, il regrettait de n'avoir pas fait en ce genre plusieurs choses qu'il aurait pu faire, et que les supérieurs lui auraient accordées; d'ailleurs, qu'il n'avait jamais rien fait en tout cela de sa propre volonté, mais toujours avec l'agrément de l'obéissance. Il ajouta encore qu'il ne croyait pas avoir à se reprocher aucune transgression des règles : ce qu'il déclarait, afin que personne ne fût scandalisé, si quelquefois on l'avait vu ne pas suivre le train de la communauté, et faire plus ou moins que les autres. Ces déclarations ne firent qu'attendrir encore davantage tous les assistants.

Louis, voyant entrer dans son infirmerie le père Carminata, provincial, lui demanda la permission de prendre la discipline; le père lui répondit qu'il n'était pas en état de faire cette mortification, attendu sa faiblesse.

« Quelqu'un du moins, reprit le malade, pourrait me
» rendre ce service, et m'en donner de la tête aux pieds. »
Le provincial lui dit encore que cela ne se pouvait pas,
parce qu'il y aurait danger que celui qui le frapperait
n'encourût l'irrégularité. Ne pouvant rien obtenir de ce
côté-là, il demanda avec instance qu'au moins on le
laissât mourir par terre; ce qui lui ayant été pareillement refusé, il se soumit à ce que l'obéissance décidait.
On croyait qu'il mourrait ce septième jour de sa maladie,
jour auquel il finissait sa vingt-deuxième année; mais
le Seigneur permit que son mal diminuât, et que la
maladie tirât en longueur, afin qu'avant de mourir Louis
nous donnât pendant sa maladie et plus d'édification et
plus d'exemples de vertus. Cependant le bruit s'étant répandu à Châtillon que Louis était mort, la marquise sa
mère et son frère lui firent faire un service solennel.
Peu de temps après ils apprirent qu'il vivait encore;
cette nouvelle fit tant de plaisir à son frère le marquis
Rodolphe, qu'en la recevant il brisa une chaîne d'or
qu'il portait au cou, et la distribua aux personnes qui
se trouvèrent alors avec lui.

Après ces premières crises, la maladie de Louis dégénéra en une fièvre lente qui le mina peu à peu dans
l'espace de trois mois. Ce fut pendant ce temps qu'arrivèrent bien des choses particulières et de grande édification. Comme il n'a pas été possible de les recueillir
toutes, à cause de leur diversité et de la multitude des
personnes qui le visitaient, je n'en rapporterai ici que
quelques-unes qui sont parvenues à ma connaissance.

Quand il tomba malade, on le mit à l'infirmerie dans un
petit lit garni d'une grosse toile, qu'on y avait placée
pour un vieux frère malade : Louis trouvant en cela trop
de délicatesse, pria le supérieur de lui faire ôter cette
garniture, pour n'avoir rien, disait-il, qui ne fût commun; mais on lui répondit que cela n'avait pas été mis
là pour lui, et qu'il n'y avait rien contre la pauvreté religieuse. Cette réponse le tranquillisa.

Au commencement de la maladie, le médecin ordonna pour Louis et pour un autre malade un remède très dégoûtant ; l'autre malade fit son possible pour prendre tout d'une haleine ce remède, afin d'en moins sentir le dégoût ; mais Louis, pour se mortifier, prit en main le verre, et commença à boire lentement cette dégoûtante médecine, comme si c'eût été la potion la plus agréable, sans rien témoigner du dégoût qu'il devait nécessairement éprouver en la buvant.

L'infirmier avait mis sur la table de la chambre un peu de sucre candi et de réglisse, pour que de temps en temps en temps Louis en mît à sa bouche quand il tousserait. Comme un jour il priait ce frère de lui donner un peu de réglisse, celui-ci lui demanda pourquoi il ne lui demandait pas plutôt du sure candi, « C'est que le suc » de réglisse, répondit Louis, me paraît plus conforme à » la pauvreté. »

Ayant entendu dire de son lit qu'il était à craindre que la mortalité qui régnait ne devînt une véritable peste, il s'offrit aussitôt au supérieur, s'il guérissait, pour aller servir les pestiférés ; et le père général étant venu le voir, il lui demanda la permission d'en faire le vœu ; l'ayant obtenu, il fit ce vœu avec une très douce consolation ; ce qui édifia beaucoup tous ceux qui apprirent ce grand acte de charité.

Les cardinaux de la Rovère et Scipion Gonzague, ses parents, vinrent plusieurs fois le visiter pendant sa maladie : Louis ne s'entretenait avec eux que de choses spirituelles et de la vie bienheureuse, ce qui les édifiait beaucoup ; aussi le père recteur leur ayant dit que, sans qu'ils prissent la peine de venir au collége, il se chargeait de leur faire donner des nouvelles du malade, ils lui répondirent qu'ils ne pouvaient pas se dispenser de venir, puisqu'ils retiraient de leur visite tant de profit pour leur âme. Le cardinal Scipion Gonzague, qui était goutteux, se faisait porter à l'infirmerie de Louis, et ne quittait jamais qu'à regret ce cher malade. Un jour que

Louis parlait de sa mort prochaine et de la grande grâce que Dieu lui faisait en l'appelant à lui dans la jeunesse, le pieux cardinal, qui avait pour lui une affection sincère, l'écoutait avec tendresse ; et comme, entre autres choses, Louis l'assurait qu'il regardait son éminence comme son père et son bienfaiteur, attendu que c'était par son moyen que, après tant de difficultés il était entré en religion, le cardinal lui répondit avec larmes que c'était à lui à le reconnaître, malgré la différence des années, pour son père et son maître spirituel, tant ses exemples lui avaient procuré de secours et de consolation. Après cet entretien, comme il se retirait fort affligé, il dit à ceux qui l'accompagnaient qu'il serait bien sensible à la mort de ce saint jeune homme ; assurant que jamais il ne l'avait entretenu sans se trouver ensuite dans une paix et une tranquillité d'esprit singulières ; qu'il le tenait pour l'homme le plus heureux de toute la maison de Gonzague.

Le père Corbinelli, homme fort avancé en âge, et avec qui Louis était lié d'amitié, se trouvait malade en même temps que lui ; et l'un et l'autre se faisaient souvent saluer mutuellement. Ce bon vieillard, sentant son mal augmenter, souhaita ardemment de voir Louis encore une fois avant de mourir, et pria l'infirmier de le lui apporter dans sa chambre, ne pouvant, dans l'état où il était, se faire transporter dans la sienne. L'infirmier, pour le contenter, aida Louis à s'habiller, et le porta entre ses bras dans l'infirmerie du père Corbinelli. On ne saurait exprimer combien fut grande la consolation que ce respectable vieillard reçut de la visite de Louis. Après s'être entretenus quelque temps ensemble avec tendresse et dévotion, s'exhortant mutuellement à la patience et à la volonté du Seigneur, le père Corbinelli dit à Louis : « Mon cher frère, je mourrai sans peine sans vous revoir ; et c'est pour cette raison que j'ai présentement une grâce à vous demander ; vous ne devez pas me la refuser : c'est qu'avant que vous sortiez de ma chambre, vous me donniez votre bénédiction. » Louis se trouva très embarrassé de cette demande. Il répondit que la chose ne convenait pas, qu'il fallait même le contraire : « Vous êtes un vénérable père, disait-il ; moi, je ne suis qu'un jeune homme : vous êtes prêtre ; je ne le suis point : c'est au plus distingué qu'il convient de bénir. » Le vieillard, par l'estime qu'il avait du saint jeune homme, redoubla ses instances pour que Louis ne le quittât pas dans ce dernier moment sans lui donner cette consolation ; il pria même l'infirmier de ne point rapporter Louis à son infirmerie qu'il ne lui eût accordé la grâce qu'il demandait. Le sage Louis répugnait infiniment à faire ce qu'on exigeait ; mais, gagné par l'infirmier, il trouva un moyen pour contenter le bon vieillard et apaiser en même temps sa propre humilité ; ce fut qu'en élevant la main il se bénit lui-même, disant : « Que notre Seigneur Dieu nous bénisse tous deux. » Prenant ensuite de l'eau bénite, il la jeta sur le père, disant encore : « Mon père, que le Seigneur comble votre révérence de sa sainte grâce, et lui accorde tout ce qu'elle désire pour sa gloire ; priez pour moi. » Le père resta consolé et très satisfait, et Louis se fit rapporter à son infirmerie.

Ce bon père donna encore un autre témoignage de la dévotion qu'il avait pour Louis ; car se trouvant aux derniers moments, il dit à l'infirmier qu'il souhaitait ardemment qu'après sa mort on mît son corps dans le même caveau où serait mis celui de Louis, quoique ce caveau ne fût point destiné à la sépulture des prêtres : la chose fut exécutée par ordre des supérieurs. Il mourut en effet le 1er de juin, veille de la Pentecôte, vers minuit, vingt jours avant Louis. Ce père était dans une chambre assez éloignée de celle de Louis, et même dans une galerie différente : Louis ignorait qu'il fût mort ; et cependant cette même nuit il apparut trois fois en songe à Louis, comme celui-ci le raconta le lendemain à l'infirmier. Ce frère entrant, selon l'usage, pour ouvrir les fenêtres de son infirmerie, lui demanda comment il avait passé la nuit ; et Louis lui répondit en ces termes : « Je l'ai passée plus mal qu'à l'ordinaire, tourmenté de » rêves continuels, fâcheux, extravagants même, ou plu- » tôt d'apparitions. J'ai vu trois fois le père Corbinelli » tout hors d'haleine ; la première fois, il m'a dit : « Mon » frère, c'est maintenant le temps de me recommander » à Dieu, afin qu'il daigne me donner la patience et les » forces nécessaires dans le périlleux état où je me » trouve ; ne croyant pas que, sans un secours spécial de » sa divine bonté, je puisse les avoir autant qu'il con- » viendrait. »

» J'ai cru que c'était un rêve, et je me suis dit à moi- » même : « Je ferais mieux de dormir et de laisser éva- » nouir ces imaginations. » Peu après, à peine avais-je » repris mon sommeil, que ce même père s'est fait voir » à moi pour la seconde fois et m'a sollicité avec encore » plus d'instance de l'aider par de ferventes prières, » parce que la rigueur du mal le lui rendait presque in- » supportable. Je me réveillai donc, et je pensai alors à » demander le lendemain une pénitence, pour avoir né- » gligé l'ordre du médecin et des supérieurs, qui m'a- » vaient ordonné de ne penser qu'à dormir ; et voilà » qu'au moment où je me rendormais, le même père se » montre à moi pour la troisième fois, et me dit : « Mon » cher frère, je suis au dernier terme de la vie ; priez » Dieu que mon passage de cette vie misérable soit heu- » reux, et que par sa miséricorde il me reçoive en l'au- » tre dans la gloire, où je n'oublierai pas de prier pour » vous. » Alors je me suis tellement éveillé, qu'il ne m'a » pas été possible de fermer l'œil le reste de la nuit ; » demeurant surpris de ces apparitions, sur lesquelles je » faisais de profondes réflexions. »

L'infirmier parut ne faire aucun cas de ce que Louis racontait ; et sans lui en témoigner aucune surprise, il essaya de le rassurer, en lui disant que ce n'étaient que des rêves et des fantômes ; que le père Corbinelli était bien; qu'ainsi il n'en fût pas inquiet; et, pour qu'il pût reprendre un peu de sommeil, il ne lui dit pas qu'il était mort. Louis ne répliqua rien alors; mais dans une autre occasion, il s'exprima de manière à convaincre que non-seulement il savait la mort du père Corbinelli, mais encore qu'il était en paradis car, interrogé par le père Bellarmin sur ce qu'il pensait de l'âme de ce père, si elle était en purgatoire, il répondit sans hésiter : « Elle n'a fait que passer par le purgatoire. » Le Père conclut de cette réponse que Louis avait su cette mort par révélation, parce que Louis étant naturellement très réservé à assurer les choses douteuses, n'aurait pas dit si affirmativement à son confesseur que l'âme du Père avait simplement passé par le purgatoire, s'il n'en avait eu de Dieu une révélation certaine.

Nous nous efforcions tous de l'engager, par plusieurs raisons, à demander à Dieu qu'il lui prolongeât la vie, soit pour acquérir plus de mérites, soit pour être utile au prochain et à la religion; mais à tous mes discours il répondait toujours : « Il vaut mieux mourir; et il disait cela avec des sentiments si affectueux et une telle fermeté de visage, qu'on voyait clairement qu'il ne désirait de quitter la vie que pour s'unir au plus tôt inséparablement et pour toujours avec Dieu.

Quand Louis fut revenu du grand danger où il s'était trouvé au commencement de sa maladie, il écrivit deux lettres à la marquise sa mère. Dans la première, après l'avoir consolée et l'avoir exhortée à prendre patience dans les adversités, il ajoutait ces paroles :

« Il y a un mois que je fus sur le point de recevoir de
» Dieu notre Seigneur la plus précieuse des grâces, celle,
» comme je l'espérais, de mourir dans son amour : j'a-
» vais reçu le saint viatique et l'extrême-onction. Mais
» la maladie s'est changée en fièvre lente. Les médecins
» ne savent pas quand elle finira; ils sont tous occupés à
» me faire des remèdes pour rétablir ma santé corpo-

» relle; et moi je prends plaisir à me persuader que
» Dieu veut me donner une santé bien plus précieuse
» que celle que les médecins travaillent à me procurer.
» Ainsi je vis content, et j'espère que dans quelques mois
» il plaira au Seigneur de m'appeler de cette terre des
» morts à celle des vivants, de la compagnie des hommes
» d'ici-bas à celle des anges et des saints dans le ciel ;
» enfin, de la vue des choses terrestres et caduques, à la
» vision et à la contemplation de Dieu, qui est le souve-
» rain bien. En cela vous pourrez trouver des motifs de
» consolation, puisque vous m'aimez et que vous souhai-
» tez mon plus grand avantage. Je vous prie de prier
» pour moi, afin que pendant le peu de temps que j'ai
» à naviguer sur cette mer du monde, le Seigneur
» daigne, par l'intercession de son fils unique et de sa
» sainte mère, noyer dans la mer rouge de sa très
» sacrée passion toutes mes iniquités pour que, libre de
» mes ennemis, je puisse arriver à la terre de promis-
» sion, voir Dieu et en jouir. »

La seconde lettre fut écrite peu avant sa mort, quand il eut appris par révélation le temps précis auquel il quitterait la terre pour le ciel. Voici comme il consolait la marquise :

« Que la grâce et la consolation de l'Esprit-Saint soient
» toujours avec vous. Votre lettre m'a trouvé encore
» vivant dans cette région des morts, mais prêt à
» partir pour aller à jamais louer Dieu dans la terre des
» vivants. Je croyais avoir à cette heure déjà fait le pas,
» mais la violence de la fièvre, comme je l'ai déjà dit,
» ayant un peu diminué, je suis heureusement parvenu
» jusqu'au jour de l'Ascension. Depuis ce temps, un rhume
» a fait reprendre des forces à la fièvre, de sorte que je
» vois que j'avance peu à peu vers les doux et chers embras-
» sements du Père céleste, dans le sein duquel j'espère
» pouvoir me reposer en sûreté et pour toujours. Or, si
» la charité, comme dit saint Paul, fait pleurer avec
» ceux qui pleurent et se réjouir avec ceux qui sont dans

» la joie, votre consolation sera donc bien grande, ma
» très chère mère, pour la grâce que le Seigneur vous fait
» dans ma personne, me conduisant au vrai bonheur,
» et m'assurant de n'être plus dans la crainte de le per-
» dre. Je vous avoue que je m'égare et me perds dans
» la considération de la bonté divine, mer immense,
» sans écueil et sans fond. Cette divine bonté m'appelle à
» un repos éternel, après de bien légères fatigues. Elle
» m'invite du ciel à ce souverain bonheur que j'ai
» cherché si négligemment. Elle me promet la récom-
» pense du peu de larmes que j'ai versées. Prenez donc
» garde de faire injure à cette infinie bonté ; ce qui ar-
» riverait sûrement si vous veniez à pleurer comme
» mort votre fils, qui doit vivre en la présence de Dieu,
» et qui vous servira plus par ses prières qu'il ne
» faisait ici-bas. Notre séparation ne sera pas longue,
» nous nous reverrons au ciel ; et, unis ensemble
» pour ne plus nous séparer, nous jouirons de notre
» Rédempteur, nous le louerons de toutes nos forces,
» et chanterons éternellement ses infinies miséricor-
» des. Je vous écris tout cela uniquement par le dé-
» sir que j'ai que vous, ma très chère mère, et **toute la**
» famille, receviez ma mort comme une grande **faveur.**
» Que votre bénédiction maternelle m'accompagne et
» me dirige dans le passage de la mer de ce monde, et
» me fasse arriver heureusement au port de mes désirs
» et de mes espérances. Je vous écris **avec d'autant plus**
» de plaisir, qu'il ne me restait plus d'autre preuve à
» vous donner de mon amour et du profond respect que
» je vous dois. Je finis en vous demandant de nouveau
» humblement votre bénédiction. Rome, le 10 juin 1591.
» Votre fils en N.-S. très obéissant, Louis Gonzague. »

Nous avons maintenant à décrire comment Louis se
disposa chrétiennement et saintement à passer de la
terre au ciel. Malgré les soins qu'on prenait de lui, que
n'eut-il pas à souffrir dans une maladie aussi longue et
aussi pénible que fut la sienne ? Cependant jamais il ne

donna aucun signe d'impatience, jamais il ne se plaignait de rien, ni ne témoigna être peu satisfait des services qu'on lui rendait. Il montra toujours une patience inaltérable, et la plus parfaite obéissance aux supérieurs, aux médecins, aux infirmiers, apprenant par son exemple comme il convient qu'un religieux se comporte jusque dans les grandes maladies.

Du moment qu'il se mit au lit jusqu'à la mort, il ne voulut plus qu'on lui parlât d'autre chose que de Dieu et de la vie éternelle. Pour le satisfaire dans un désir aussi juste, tous ceux qui venaient le visiter ne lui tenaient que de pareils discours. Si par hasard quelqu'un venait à parler de quelque autre chose, Louis paraissait ne prendre aucun intérêt à ce qui se disait; et quand on recommençait à parler de dévotion, il changeait tout-à-coup, et mêlait quelques paroles à la conversation, pour témoigner quelle satisfaction il y prenait. La raison qu'il avait d'en agir ainsi était que, quoiqu'il fût persuadé que les choses indifférentes, dites avec zèle et avec prudence dans les conversations ordinaires, ne fussent pas contre l'institut, cependant, dans l'état où il se trouvait, il lui paraissait convenable, et tout-à-fait dans les vues de Dieu, que tous ses discours fussent entièrement spirituels.

Quelquefois il se faisait donner des habits, et il sortait du lit, puis se traînait à une table sur laquelle était un crucifix; il le prenait, lui donnait mille baisers affectueux et respectueux : il en faisait autant à une image de la sainte Vierge et de sainte Catherine de Sienne, et à celles des autres saints qui tapissaient les murailles de son infirmerie. Le frère infirmier lui ayant dit qu'il lui épargnerait la peine de se lever pour satisfaire sa dévotion, et qu'il lui apporterait toutes ces images sur son lit, Louis lui répondit : « Mon cher frère, ce sont là mes stations; » et il continua de les faire, tant qu'il fut en état de se lever.

Quand il se trouvait seul dans le courant de la journée,

et que la porte de l'infirmerie était fermée, il se levait de lui-même, et se glissait à la ruelle de son lit pour y faire oraison à genoux : dès qu'il entendait du bruit, il se remettait au lit. L'infirmier crut pendant quelque temps que c'était pour quelque besoin qu'il se levait ainsi; mais ensuite il soupçonna ce que ce pouvait être ; et l'ayant un jour adroitement surpris à genoux, il lui défendit de le faire davantage, et Louis, confus d'être ainsi découvert, ne le fit plus.

Il s'entretenait, le plus souvent qu'il pouvait, avec le père Bellarmin son confesseur, des choses de son âme. Un soir, en particulier, il lui demanda s'il croyait que quelqu'un pût entrer en paradis sans passer par le purgatoire. Le Père lui répondit qu'il le croyait ainsi, et comme il connaissait parfaitement la vertu de Louis : « J'espère, ajouta-t-il, que vous serez un de ces fortunés, parce que le Seigneur Dieu vous ayant par sa miséricorde fait tant de grâces, et en particulier celle de ne l'avoir jamais offensé mortellement, je crois être assuré qu'il vous fera encore la grâce d'aller droit en paradis. » Cette réponse du père Bellarmin remplit Louis de tant de consolation, que dès que le Père eut quitté son infirmerie, il entra dans une contemplation où il vit en esprit la céleste Jérusalem. Il demeura toute la nuit dans cette extase, pendant laquelle son âme fut inondée de délices. Suivant ce qu'il en rapporta au père Bellarmin, cette nuit lui avait paru n'avoir duré qu'un instant. On croit que ce fut alors que le jour de sa mort lui fut décidément révélé ; car après cette faveur céleste il déclara positivement que le jour de l'octave de la Fête-Dieu il ne serait plus de ce monde, ce qui se trouva vrai. Il répéta la même chose quelques jours avant cette fête à un jésuite qui le visitait souvent.

Comme la maladie de Louis allait en empirant, le préfet des infirmiers, qui s'étendait aux malades, lui confirma qu'il ne lui restait que peu de jours à vivre; Louis, prenant prétexte de cet avis, dit à l'un de ses confrères :

« Vous ne savez pas la bonne nouvelle que j'ai eue; je mourrai dans l'espace de huit jours : aidez-moi, je vous prie, à réciter le *Te Deum*, pour rendre grâces à Dieu de la faveur qu'il me fait. » Ils dirent donc tous deux dévotement ce cantique. Ensuite un autre de ses condisciples étant venu le voir, Louis dit avec effusion de cœur : « Mon frère, *lætantes imus, lætantes imus*; nous nous en allons avec joie. » Plus il montrait de satisfaction et de consolation en prononçant ces paroles, plus ceux qui les entendaient en étaient touchés et attendris.

Il voulut encore écrire trois lettres pour prendre congé de trois Pères ses intimes amis. Le premier était le père Pescatori, autrefois son maître des novices, alors recteur à Naples; le second, le père Angelis, qui y professait la théologie; et le troisième, le père Recalcati, recteur de Milan. Il leur fit marquer à tous trois qu'il partait pour le ciel; et, en les saluant, il se recommanda à leurs prières. Comme les forces lui manquaient, il se fit conduire la main pour signer ces lettres, et au lieu de son nom, il fit une croix.

Il employa ces huit derniers jours de sa vie à des actes particuliers de dévotion. Il pria un Père, à qui il fit confidence de la certitude de sa mort, de venir tous les jours sur les trois heures dans son infirmerie, pour réciter ensemble les sept psaumes de la pénitence. Ce Père ne manqua point au rendez-vous. Ils se trouvaient seuls à cette heure-là. Louis faisait mettre sur son lit un crucifix, et le Père, à genoux près du lit, récitait à voix basse les psaumes. Le Père s'arrêtait à quelques endroits, et le saint jeune homme tenait les yeux fixés sur le crucifix avec une profonde attention, et semblait se perdre dans la contemplation des choses qu'on lisait. Le Père ne pouvait s'empêcher de répandre un torrent de larmes, Louis en laissait aussi échapper quelques-unes au milieu de la plus parfaite sérénité. Aux autres heures du jour, il se faisait lire quelques fragments des soliloques de saint Augustin ou de saint Bernard sur les cantiques, ou quelques psaumes qu'il indiquait lui-même, tels que le psaume *Lætatus sum*, etc.; *Quemadmodum desiderat cervus*, et d'autres semblables.

Le bruit commençant à se répandre qu'il devait mourir dans cette octave, chacun épiait le moment pour se trouver seul avec lui, et pouvoir avec liberté se recommander à ses prières. Il recevait toutes les commissions qu'on lui donnait pour le ciel, et promettait si décidément de les faire, qu'il montrait une certitude de devoir bientôt y entrer. Il parlait de sa mort comme nous parlons d'un changement de chambre. Plusieurs Pères venaient le voir et le servir par dévotion. Le père Fuccioli, procureur général, se distingua parmi les plus assidus, ainsi que le père Piatti, qui mourut deux mois après Louis. Ce dernier sortant un jour de l'infirmerie de Louis, dit à son compagnon : « Je vous assure que Louis est un saint, et si fort saint qu'on pourrait le canoniser, même de son vivant; » faisant allusion aux paroles du pape Nicolas V, qui, dans la canonisation de saint Bernardin de Sienne, dit de saint Antonin de Florence, qui était vivant et présent : « Je pense qu'on pourrait canoniser Antonin vivant, comme Bernardin mort. » Vers la fin de l'octave, Louis était la plus grande partie du temps dans une profonde contemplation, proférant seulement de temps à autre quelques paroles de dévotion, quelques oraisons jaculatoires. Dans les trois derniers jours, ayant reçu d'un Père un crucifix de bronze auquel étaient attachées des indulgences, il le tint constamment appliqué sur sa poitrine jusqu'au dernier soupir. Il fit plusieurs fois la profession de foi que le Rituel prescrit, montrant un grand désir de s'unir à Dieu, et répétant souvent : *Cupio dissolvi et esse cum Christo* ; je désire que mon âme quitte mon corps pour être à J.-C. ; et autres paroles semblables

Le jour de l'octave de la Fête-Dieu commençait à paraître, lorsqu'un des infirmiers entre dans l'infirmerie de Louis, et le trouvant à l'ordinaire, lui dit : « Eh bien!

mon frère, nous sommes encore vivant et non mort, comme vous l'aviez cru et l'aviez dit. » Louis lui confirma qu'il mourrait effectivement ce jour même. L'infirmier, en le quittant, rencontra son compagnon, et lui dit : « Louis persévère dans la croyance qu'il doit mourir aujourd'hui, et cependant il me paraît qu'il est mieux que les jours précédents. « Un autre Père lui faisant visite, lui dit : Frère Louis, vous disiez que vous mourriez dans cette octave : nous voilà au dernier jour, et il me paraît que vous êtes mieux, et qu'on peut espérer de vous voir vivre. » Louis lui répondit : « Le jour n'est pas encore terminé. » Il parla plus nettement à un autre, qui, en entrant dans son infirmerie lorsqu'on lui pansait une plaie au talon droit, que la maigreur et le lit lui avaient occasionnée, lui dit, touché de compassion, que, quoiqu'on fût bien fâché de le perdre, il priait cependant le Seigneur de le délivrer de cette souffrance, à quoi Louis répondit sérieusement : « Cette nuit je mourrai. » Il répéta jusqu'à trois fois ces mêmes paroles, parce qu'on lui disait qu'on ne le croyait pas malade à ce point. Il passa la matinée de ce jour à faire oraison et des actes de foi et d'adoration avec beaucoup de piété.

Vers midi, il fit instance pour qu'on lui donnât le saint viatique, qu'il avait déjà demandé dès le point du jour; mais les infirmiers, qui ne croyaient pas qu'il fût si près de mourir, ne faisaient pas attention à sa demande. Cependant, comme il renouvelait ses instances et ses prières, les infirmiers lui dirent qu'ayant déjà reçu dans cette maladie le saint viatique, ils ne croyaient pas qu'on pût le réitérer ; Louis leur répondit : « L'extrême-onction, non; le viatique, oui. » Malgré cette réponse, les infirmiers n'en firent rien.

Pendant qu'il était dans cet état, le pape Grégoire XIII, qui, comme on le conjectura, avait su des cardinaux parents de Louis sa maladie, demanda comment il se trouvait. Ayant appris qu'il était à l'extrémité, il lui envoya de lui-même sa bénédiction et une indulgence plénière. Ce fut le père ministre du collége qui lui porta cette nouvelle. Comme Louis était extrêmement humble, s'il eut de la consolation à recevoir cette bénédiction et cette indulgence, il ne fut pas moins confus de ce que le pape s'était souvenu de lui ; il en vint même jusqu'à se cacher le visage. Le père ministre, qui s'en aperçut, lui dit, pour le tranquilliser, qu'il ne devait pas être surpris que le pape ayant su par hasard quelque chose de sa dangereuse maladie, se fût déterminé à lui envoyer sa bénédiction.

Sur les six heures du soir, le père Lambertini étant venu du noviciat, où ils avaient vécu ensemble, lui vint faire une visite. Louis le pria d'engager le père recteur à lui donner le saint viatique ; ce qu'il fit. Il voulut réciter avec lui les litanies du saint Sacrement, auxquelles Louis répondit toujours d'une voix claire et distincte, et à la fin il remercia ce Père avec un air riant et un contentement plus marqué qu'à l'ordinaire. Le père recteur entra pour lors avec le saint viatique, ce qui augmenta la consolation de Louis. Il communia avec la plus grande ferveur, et toujours dans la ferme persuasion qu'il jouirait bientôt de son Dieu, et qu'il le verrait face à face dans le ciel. Tous ceux qui se trouvèrent à cette cérémonie ne purent retenir leurs gémissements et leurs larmes, en entendant prononcer ces paroles : *Accipe, frater, viaticum,* etc. Recevez, mon frère, etc. »

Notre saint jeune homme, après avoir reçu le saint viatique, voulut embrasser tous ceux qui étaient présents. Il le fit avec beaucoup de charité et de satisfaction, suivant l'usage de la Compagnie, quand quelqu'un part pour un long voyage. Il donna à chacun le dernier adieu, et chacun le reçut avec larmes, sans pouvoir se déterminer à s'éloigner de lui. On le regardait avec tendresse, et l'on se recommandait à ses prières. Un de ceux avec qui Louis avait traité plus confidemment, lui ayant dit qu'il espérait qu'il jouirait bientôt de la vision béatifique, le pria de se souvenir de lui, comme il l'avait fait pendant sa vie, et de lui pardonner si, par ses imperfections, il l'avait quelquefois offensé. Louis lui répondit avec tendresse qu'il comptait sur les miséricordes divines, sur le précieux sang de J.-C., et sur la protection de la sainte Vierge sa mère; qu'il espérait que son bonheur ne tarderait pas; et il lui ajouta que, indépendamment de sa demande, il se serait souvenu de lui, parce que s'il l'avait aimé sur la terre, il l'aimerait beaucoup plus encore dans le ciel, puisque la charité y est plus parfaite.

Louis avait la tête si saine, il parlait avec tant de justesse et si librement, qu'il ne paraissait pas vraisemblable qu'il dût mourir ce jour-là. Dans le même temps entre le père provincial, qui lui dit : « Qu'en est-il de vous, frère Louis? Il lui répondit : Mon père, nous prenons notre route. — Et pour aller où? — En paradis, » répliqua Louis. « En paradis! » reprit le père provincial. — « Oui, mon père, en paradis, si mes péchés ne m'empêchent pas; oui, j'espère, par la miséricorde de Dieu, y arriver. » Alors le provincial, se tournant vers ceux qui l'accompagnaient, leur dit tout bas : « Faites attention, je vous prie; il parle d'aller au ciel, comme nous parlerions d'aller à Frascati. Que devons-nous faire de ce cher frère? devons-nous le mettre dans la sépulture commune? » Tous furent d'avis que, à cause des preuves qu'on avait de sa sainteté, il convenait d'y faire une attention particulière après sa mort.

Je me trouvai sur les sept heures du soir pour l'assister. Assis près de son lit, je tenais ma main sous sa tête pour lui diminuer la peine qu'il prenait à ne point perdre de vue un petit crucifix qu'on lui avait mis sur son lit, et devant lequel il priait, pour gagner, à l'article de la mort, l'indulgence plénière qui y était attachée. Dans ce moment il haussa le bras et ôta le bonnet de nuit qu'il avait sur la tête; je crus que cette action n'était qu'un mouvement de moribond, et je lui remis son bonnet sans rien lui dire. Un moment après il l'ôta de nouveau. Alors je lui dis : « Frère Louis, laissez votre bonnet sur votre tête, crainte que l'air du soir ne vous fasse mal. » Pour lors, me montrant des yeux son crucifix, il me dit : « Quand J.-C. mourut, il avait la tête nue. » A ces paroles je fus attendri, m'apercevant que, jusqu'au dernier instant, il était tout occupé à imiter le sauveur sur la croix. Quelque temps après, on parla en sa présence de ceux qui devaient passer la nuit auprès de lui ; quoiqu'il fût absorbé dans la contemplation, il dit deux fois à un Père qui était près de lui : « Assistez-moi, vous. » Comme il avait promis à un autre Père, qui souhaitait de se trouver à sa mort, de l'en faire avertir, il lui dit : « Voyez si vous pouvez m'assister, » gardant ainsi la parole qu'il avait donnée. Il était nuit depuis une heure, et l'infirmerie était pleine de monde.

Le père recteur, entendant parler Louis si librement, ne pouvait se persuader qu'il dût mourir cette nuit-là, comme il avait dit ; il pensait même que sa maladie tirerait en longueur, et durerait encore quelques jours, comme il avait vu cela arriver à plusieurs attaqués de la même maladie. Il ordonna donc, en sortant de l'infirmerie, que chacun se retirât pour se reposer ; et quoique plusieurs lui demandassent en grâce de leur permettre de rester, il ne le permit à aucun, disant toujours qu'il ne mourrait pas, et que, s'il croyait qu'il dût mourir, il ne le quitterait point. Il ordonna cependant au père Fabrini, ministre du collège, et au père Gualfucci, de demeurer auprès du malade. On peut facilement se figurer quelle fut la douleur de ceux qu'on forçait ainsi de se séparer de leur frère bien-aimé, et combien cette séparation dut leur coûter, persuadés qu'ils étaient de ne plus le revoir vivant. Louis, s'apercevant de leur désolation, les consola en leur promettant de se souvenir d'eux dans le ciel. Il pria aussi tout le monde de vouloir bien, dans ce moment, l'aider de ses prières. Il spécifia même à plusieurs ce qu'il désirait qu'ils fissent pour lui d'abord après sa mort.

Ce fut ainsi que, forcés par l'obéissance, les uns après les autres se retirèrent en gémissant. Il ne resta avec lui que les deux Pères désignés par le recteur, et avec eux le père Bellarmin, confesseur de Louis. Ce Père dit au malade de l'avertir quand il croirait qu'il faudrait lui faire la recommandation de l'âme. Louis lui répondit qu'il n'y manquerait pas. Un moment après, il lui dit : Mon père, il est temps. Alors le Père avec les deux autres se mirent à genoux, et firent les prières de la recommandation de l'âme. Après quoi, le père ministre s'imaginant que le malade vivrait encore jusqu'au jour suivant, pria le père Bellarmin d'aller se reposer. L'infirmier l'assura aussi que le malade passerait la nuit et que, dans le cas où il y aurait du changement, on l'avertirait. Sur cela le père Bellarmin se retira, et Louis resta seul avec les deux Pères, le cœur et l'esprit toujours saintement occupés. De temps en temps on l'entendait répéter quelques paroles de la sainte Ecriture, comme : *In manus tuas, Domine,* etc.; Seigneur, c'est dans vos mains que je remets mon esprit, et autres semblables. Il conserva toujours le même visage, tandis que ceux qui l'assistaient récitaient les prières des agonisants, lui jetaient de l'eau bénite, et lui donnaient à baiser le crucifix.

Quand il toucha à ses derniers moments, on connut, par la pâleur de son visage et par les gouttes de sueur qui lui coulaient en assez grande abondance, qu'il souffrait beaucoup dans cette crise; il demanda d'une voix mourante de le changer un peu de situation; il était depuis trois jours dans la même attitude; mais on craignit d'avancer sa mort en le remuant, et l'on crut que sa demande était plutôt un instinct de la nature qu'un choix de sa volonté. On l'encouragea à souffrir, en lui rappelant le lit cruel et insupportable sur lequel notre Seigneur Jésus-Christ, au milieu des plus affreuses souf-

France, voulut bien mourir pour nous. A ce souvenir, on le vit regarder fixement son crucifix; et ne pouvant plus parler, il donnait à connaître par ses signes qu'il souffrirait volontiers encore plus pour l'amour de Dieu. Il semblait se commander à lui-même d'être soumis. Puis il s'arrêta. Les Pères, voyant qu'il ne pouvait plus parler ni se mouvoir, lui mirent en main un cierge bénit allumé, en signe de la persévérance dans la foi : il le serra. Comme il le tenait, faisant en même temps des efforts pour invoquer le très saint nom de Jésus, il remua un peu les lèvres pour la dernière fois, et rendit son âme à son Créateur avec une profonde tranquillité, entre les deux ou trois heures de nuit. Ainsi Dieu lui accorda la grâce qu'il avait tant demandée, qui était de mourir ou dans l'octave du très saint Sacrement, ou un jour de vendredi, en mémoire de la passion du Sauveur. Il mourut précisément au moment où l'octave finissait et où commençait le vendredi, la nuit du 20 au 21 de juin 1591, à l'âge de vingt-trois ans trois mois et onze jours. Ce fut précisément à cet âge que mourut saint Louis, fils de Charles II, roi de Sicile, qui fut religieux de l'ordre de Saint-François, et ensuite évêque de Toulouse. Notre Louis, par ses vertus, ressembla beaucoup à ce saint.

Les deux Pères qui assistèrent Louis à la mort crurent avoir reçu du Seigneur une grande grâce : en effet, ils avaient eu la préférence sur tant d'autres qui souhaitaient se trouver au passage de ce saint jeune homme. Peu avant sa mort, il les assura qu'il les recommanderait à Dieu tout le temps de leur vie. Ils en ressentirent bientôt les heureux effets. Le père ministre se trouva dans une paix parfaite d'esprit et une sensible consolation. Et le père Gualfucci sentit dans ce moment une dévotion particulière, un grand regret d'avoir offensé Dieu, et un ardent désir de le mieux servir, selon les conseils de Louis. Cette vive impression ne lui dura pas seulement quelques mois, mais des années; non pas toujours avec une impression pareille, mais selon les occasions plus ou moins importantes. Ce même Père souhaitant, par dévotion pour Louis, d'avoir quelque chose qui eût été à son usage, et n'osant cependant toucher à son corps, prit et conserva les liens de ses souliers, les plumes dont il se servait, et autres choses semblables. Les infirmiers étant venus pour laver le corps et l'accommoder avant de l'habiller, s'aperçurent, en le tirant du lit, en présence de deux Pères, qu'il tenait sur sa poitrine un crucifix de bronze qu'on lui avait présenté depuis trois jours, et qu'il l'avait tenu tout ce temps dans la même position. En le dépouillant, ils virent aussi qu'il avait aux genoux deux grosses tumeurs, effet de l'usage où il avait été, dès son enfance, de faire toujours ses prières à genoux. Quelques-uns, par dévotion, coupèrent des parcelles de ces tumeurs, les conservèrent comme autant de reliques. Un des infirmiers, à la sollicitation de quelques-uns qui l'en priaient, voulut couper de la chair; mais il se trompa, et ne coupa que de la peau, qui, appliquée à un malade, le guérit.

A peine Louis fut-il expiré que plusieurs de ses plus intimes amis, avertis par un des Pères que notre ange avait pris son vol vers le ciel, se levèrent incontinent pleins de dévotion, et accoururent pour se recommander à sa protection, parce qu'ils se tenaient assurés qu'il était arrivé au port du salut. Plusieurs firent alors pour lui les prières qu'il leur avait demandées par amitié avant la mort. Le matin suivant, 21 de juin, à peine eut-on donné le signal pour se lever, que l'infirmerie où était le corps ne pouvait plus contenir la foule qui s'y rendit. On priait pour lui, mais on se recommandait encore plus à lui. Plusieurs se jetèrent sur ses souliers, sur une chemise, sur une camisole et autres habillements qu'il avait portés. Enfin on porta le corps dans la chapelle domestique. Plusieurs de ses confrères, surmontant l'horreur qu'on a communément de toucher un mort, s'approchaient de la bière, baisaient par devotion le défunt et ne se lassaient pas de l'appeler « saint, saint! » Toutes les messes qui se dirent ce jour-là au collége et dans les autres maisons de la Compagnie, à Rome, furent célébrées pour lui, quoique plusieurs ne lui en appliquassent le fruit que pour se conformer à l'usage, bien persuadés qu'il n'en avait pas besoin.

Pour bien comprendre quelle sensation fit dans tous ceux du collége la mort de Louis, il faudrait s'y être trouvé présent. On ne s'entretenait que de ses vertus et de sa sainteté; chacun racontait ce qu'il en avait aperçu; tous sentaient le prix de la perte qu'ils faisaient d'être privés de la compagnie de ce saint jeune homme.

Le soir, sur les six heures, avant de dire l'office, on transporta le corps de la chapelle domestique dans la grande salle, où les Pères et les frères étaient assemblés. L'usage était de baiser la main aux prêtres seuls; mais, quoique Louis n'eût que des ordres mineurs, l'idée qu'on avait de sa sainteté porta tout le monde, même les prêtres, à lui baiser la main. Après ce pieux témoignage d'estime, on porta processionnellement son corps à l'église du collége, où, selon la coutume, on psalmodia l'office des morts. Après l'office, il y eut un si grand concours d'étudiants et d'autres personnes qui s'approchaient du corps pour l'honorer et en prendre quelques reliques, que les Pères ne pouvant maîtriser cette foule, on fut obligé de fermer les portes de l'église. Ce fut dans cette occasion qu'on lui coupa les habits, les cheveux, les ongles, et deux articulations du petit doigt de la main droite.

Quand il fut question de mettre le corps dans la sépulture, les principaux Pères du collége, et parmi eux le père Bellarmin, furent d'avis qu'il ne convenait pas de le faire confondre avec les autres, mais de le déposer dans un sépulcre particulier; parce qu'ayant vécu dans une si grande sainteté, Dieu ne manquerait pas de le glorifier autant aux yeux du monde qu'il s'était appliqué à en être peu connu. Cependant, comme l'usage de la

Compagnie était d'enterrer ses morts sans cercueil, le recteur envoya le ministre prendre les ordres du père général, qui déclara qu'on devait le mettre dans un cercueil, et qu'il dispensait d'autant plus volontiers de l'usage commun, qu'il était très persuadé de la sainteté singulière de ce jeune jésuite. On peut juger par là quelle idée on avait de Louis, puisqu'on faisait pour lui une chose si extraordinaire, en le traitant déjà comme quelque chose de saint. Le corps fut donc mis dans un cercueil fait exprès, et inhumé dans la chapelle du crucifix, au côté gauche de l'église du collége.

Pendant plusieurs jours, on ne s'entretint pas d'autre chose que du saint jeune homme; on le vénérait mort, n'ayant plus l'avantage de l'honorer vivant. Tous les jours plusieurs se transportaient à son tombeau, pour se recommander à sa protection. Ils lui donnèrent cette preuve de confiance et de vénération tout le temps qu'ils restèrent à Rome. Le père Valtrino, venu de Sicile, qui n'avait jamais vu Louis, conçut pour lui une telle dévotion, que, non content d'aller tous les jours prier à son tombeau, il cueillait dans le jardin des fleurs qu'il semait sur sa tombe, disant que personne n'était plus digne de ces fleurs que celui qui s'était signalé par tant de vertus.

On laissa le corps de Louis pendant sept ans dans le cercueil avec lequel il avait été inhumé, c'est-à-dire jusqu'à l'année 1598. Dans la crainte cependant qu'on ne vînt dans la suite à confondre ses ossements avec les autres corps, on retira, par ordre du père général Aquaviva, ces ossements du cercueil où ils étaient, pour les mettre dans une caisse plus petite, qu'on plaça dans la muraille, le 22 juin 1598. C'est à cette occasion que l'on prit des reliques de Louis, qui furent envoyées dans plusieurs villes d'Italie, en Pologne, et jusqu'aux Indes.

Comme le Seigneur avait déjà commencé à glorifier son serviteur par des miracles, le père général ordonna qu'on retirât ces pieux ossements du lieu où ils étaient pour les placer dans un endroit plus décent, absolument séparés des autres. En exécution de cet ordre, le 8 de juin 1602, on transporta secrètement dans la cristie ces précieuses dépouilles; et le premier de juillet de la même année, on les plaça dans une boîte de plomb qui fut mise sous le marchepied de l'autel de saint Sébastien, dans la même église. Quoiqu'on eût pris toutes sortes de précautions pour que cette translation fût secrète, et qu'on n'y eût admis que les personnes absolument nécessaires, il en transpira quelque chose dans le public, et bientôt la dévotion du peuple rendit célèbre le lieu où reposait ce précieux trésor.

Enfin, le bruit de la sainteté de Louis se répandit de plus en plus dans toutes les parties du monde; et les miracles se multipliant, le prince D. François de Gonzague, frère du saint, et marquis de Châtillon, alors ambassadeur de l'empereur à Rome, jugea que le lieu où l'on avait mis ces reliques était trop étroit; ainsi, sur ses instances, le père général fit exhumer de nouveau ces précieuses reliques. On ouvrit la caisse qui les renfermait; et, de l'agrément des supérieurs, le prince François prit quelques reliques pour lui et pour le duc de Mantoue. La tête, à la prière du même prince, fut donnée à l'église du collège de Châtillon où on la conserve avec une grande vénération. Le 13 mai 1605, tout le reste de son corps, porté par des prêtres accompagnés d'une grande quantité de lumières, fut transféré dans la chapelle de Notre-Dame de la même église, et fut placé dans le mur, du côté de l'Evangile. On fit encore cette nouvelle translation les portes fermées : cependant le frère du saint s'y trouva avec son épouse et quelques autres seigneurs; le concours y fut même si grand que plusieurs prêtres furent longtemps occupés à laisser baiser la caisse qui renfermait les reliques de Louis, et à faire toucher les chapelets et choses pareilles de dévotion, avant qu'on pût placer ce sacré dépôt au lieu qui lui était destiné.

Les précieuses dépouilles de Louis reposèrent dans cette chapelle pendant une quinzaine d'années. On y mit son image et plusieurs vœux autour : une lampe y était toujours allumée. Enfin, l'année 1620, le 15 de juin, les reliques de Louis furent transportées dans la chapelle construite exprès pour lui.

TROISIÈME PARTIE.

Après l'heureux passage de Louis à la bienheureuse éternité, on écrivit une foule de lettres à la marquise sa mère, pour lui rendre compte de l'opinion de sainteté que son fils avait laissée à sa mort. Le père Aquaviva, général de la compagnie, lui écrivit qu'elle avait un cher fidèle intercesseur dans le ciel, et qu'on avait de justes fondements de croire que, dès son trépas, il y jouissait de la gloire éternelle ; qu'il y serait sûrement pour elle et pour la Compagnie d'une grande consolation. Le recteur du collège Romain lui écrivit, de son côté, que son fils en mourant avait fait naître à tout le monde un désir ardent de mourir d'une mort aussi sainte que la sienne ; qu'elle ni les siens ne devaient se plaindre de la perte de ce cher fils, mais au contraire se réjouir d'avoir donné au ciel un nouvel habitant.

Ce fut dans le même esprit que le cardinal Scipion Gonzague en écrivit à son frère, évêque de Mantoue, et à la marquise, leur marquant que Louis était mort d'une façon si édifiante qu'on devait plutôt s'en réjouir que pleurer. Nous avons encore une preuve des sentiments d'estime de ce cardinal pour Louis, dans le témoignage du pape Clément VII. Ce grand pontife s'entretenant, le 5 août 1604, avec le frère de Louis, ambassadeur de l'empereur, lui dit que le cardinal Scipion de Gonzague lui avait souvent parlé de la grande sainteté de ce jeune homme, et lui avait même avoué qu'à sa seule vue il se sentait intérieurement porté à sa dévotion jusqu'aux larmes. Parlant ensuite de tout ce qu'on lui avait encore rapporté de merveilleux sur le compte de Louis, il ne put s'empêcher de s'écrier avec larmes : « O qu'il est heureux ! il jouit maintenant de la gloire éternelle ! J'ai souvent pensé comment il avait fait pour éviter tant de dangers : c'est sûrement ce soin qui l'a préservé, qui l'a sanctifié, et sa sainteté a entretenu la paix dans sa famille. Elle a en lui un bon protecteur dans le ciel, qui la gardera de tout mal. »

Le seigneur Mancini, qui avait assisté aux funérailles de Louis, rend témoignage de plusieurs choses qui s'y passèrent.

« Illustrissime et excellentissime dame, écrivit-il à sa
» mère, je ne sais encore si je dois me consoler ou me
» réjouir avec vous de l'heureuse mort du frère Louis :
» ne sachant pas discerner si l'amour maternel sera
» plus sensible à la perte qu'il fait qu'au noble et pré-
» cieux avantage qui en revient au fils. Je regrette à la
» vérité que nous nous trouvions privés de sa présence,
» et je vous plains de n'avoir pas eu la cosolation de
» le voir au moins une fois dans cette dernière mala-
» die ; mais je ne puis que me réjouir avec vous de ce
» que ce cher fils, pour sa sainte vie, a mérité le ciel,
» où, selon le sentiment commun, il s'est envolé, laissant
» après lui à Rome et partout la plus grande idée de sa
» perfection. Elle est telle que, quand il eût vécu autant
» que les vieux patriarches, et non vingt-trois ans, il
» n'eût pu en laisser une plus avantageuse. Jeudi au

» soir après les deux heures de nuit, il rendit sa belle
» âme à Dieu ; et hier au soir, 21 juin, il fut inhumé
» dans l'église du collége, où je me trouvais. Je dois vous
» dire que non-seulement ces bons Pères font grand cas
» des reliques qu'il a laissées sur la terre, mais encore
» le peuple qui y assistait, le regardant comme un saint,
» lui coupa ses habits : je pourrais dire quelque chose
» de plus, et je ne dirais que la vérité ; mais vous l'ap-
» prendrez de quelque autre, et peut-être des Jésuites
» mêmes, qui sauront mieux que moi vous décrire les
» choses. On ne parle d'aucun miracle, ou parce qu'il
» n'y en a pas, ou parce qu'on les tient secrets ; mais on
» a pour lui publiquement cette dévotion qu'on a pour
» une personne sainte qui en a fait. Plusieurs grands
» seigneurs font de vives instances pour en avoir quel-
» que chose qui lui ait appartenu. C'est pour ces raisons
» que je ne saurais me déterminer à me livrer à la dou-
» leur à l'occasion de cette mort. Je dois vous dire en-
» core que la semaine passée je fus voir le frère Louis,
» il annonçait lui-même sa mort avec une sensible sa-
» tisfaction. Il me donna ses lettres, que je fis partir il y
» a précisément huit jours ; il me pria de les faire rendre
» sûrement, me disant que ce seraient les dernières qu'il
» vous écrirait, et au marquis son frère. Je vous rap-
» porte tous ces faits, afin que vous en tiriez matière de
» consolation : d'autres vous en écriront plus au long ;
» et je me borne, moi, à vous prier de mettre fin à votre
» douleur, et d'adresser des vœux à Louis afin qu'il
» maintienne la paix et la tranquillité dans sa famille.
» Rome, le 22 juin 1591. » On peut conclure de ces lettres dans quelle opinion générale de sainteté Louis mourut :

Sainte Madeleine de Pazzi a donné un témoignage illustre de la gloire à laquelle Louis est élevé dans le ciel. Voici ce qu'en dit l'auteur de sa vie.

L'an 1600, le 4 avril, la sainte étant dans un de ses ravissements accoutumés, vit dans le ciel la gloire du bienheureux Louis de Gonzague. Surprise d'une chose qui lui paraissait extraordinaire, elle commença à parler posément, mettant de temps en temps quelque intervalle entre ses paroles.

» O quelle gloire, dit-elle, est la gloire de Louis, fils
» d'Ignace! Je ne l'aurais jamais cru, si mon Jésus ne
» me l'avait fait voir! Je n'aurais jamais imaginé qu'il y
» eût autant de gloire dans le ciel que j'en vois dans
» Louis! Je le dis, Louis est un grand saint. Nous avons
» des saints dans l'église que je ne crois pas être aussi
» élevés. » (Elle voulait parler des reliques qu'on révérait dans l'église de son monastère.) « Je voudrais pou-
» voir parcourir tout l'univers, et dire que Louis, fils
» d'Ignace, est un grand saint ; et je voudrais faire con-
» naître sa gloire à tout le monde, afin que Dieu en fût
» glorifié. Il n'est si élevé en gloire que parce qu'il a
» mené une vie intérieure. Qui pourrait jamais apprécier
» le mérite et la vertu de la vie intérieure? Non, il n'y
» aura jamais aucune comparaison à faire entre les actes
» intérieurs et les extérieurs...... Louis fut un martyr
» inconnu. Quiconque vous aime, ô mon Dieu, vous con-
» naît si grand, si infiniment aimable! Quel martyre ne
» fut-ce pas pour lui de voir qu'il ne pouvait vous aimer
» autant qu'il désirait vous aimer! de voir que vous n'é-
» tiez pas connu de toutes vos créatures, que vous n'en
» étiez pas aimé, qu'au contraire vous en étiez offensé!
» O combien Louis aima-t-il sur la terre! Et maintenant,
» dans le ciel, il jouit de Dieu dans une grande plénitude
» d'amour...... » Ici la sainte, voyant que le bienheureux Louis priait pour ceux qui, pendant sa vie, l'avaient aidé dans les choses spirituelles, ajouta ces paroles :
« Et moi aussi, je veux m'appliquer à aider les âmes,
» afin que si quelqu'une va au paradis elle prie pour
» moi, comme Louis fait pour quiconque lui a été sur la
» terre de quelque secours. »

Mon dessein, en écrivant cette vie, n'a point été de rapporter tous les miracles et toutes les grâces accordées dans différents pays par les mérites et l'intercession de saint Louis après sa mort; mais seulement de faire un choix de quelques actions saintes et vertueuses qui, avec l'aide du Seigneur, peuvent être imitées de tout le monde. D'ailleurs le récit d'un grand nombre de miracles n'ajouterait rien, dans l'esprit de ceux qui ont connu notre saint, à l'idée qu'ils ont de sa singulière vertu; parce que les personnes intelligentes n'ignorent pas que les dons surnaturels que Louis reçut de Dieu pendant sa vie sont quelque chose de plus grand, de plus précieux, de plus désirable que la grâce des miracles. Pour qu'on sache que cette illustration ne lui a pas manqué, j'en citerai quelques-uns.

L'an 1593, le marquis Rodolphe, à qui notre saint avait remis le marquisat et tous ses droits, étant mort au château de Jouffri, les habitants se soulevèrent contre la maison de Châtillon. La marquise sa mère fut si sensible à cette révolte, que sa douleur la fit tomber dangereusement malade; en peu de jours elle fut à l'extrémité, et reçut les derniers sacrements. Elle était prête à rendre le dernier soupir, lorsqu'elle aperçut près de son lit son saint fils Louis tout éclatant de gloire. Sa présence fit une si douce impression sur la princesse, qu'ayant eu jusque-là le cœur flétri, de manière à ne pouvoir pas jeter une larme pour soulager sa douleur, elle en versa une grande abondance; en même temps elle fut assurée non-seulement de recouvrer la santé, mais encore de voir les intérêts de ses fils prendre une tournure plus consolante. En effet, contre toute espérance, la marquise guérit, et eut la consolation de voir la situation du marquis François devenir plus florissante que n'avait été celle d'aucun de ses aïeux. Ainsi, le premier miracle que fit le saint après sa mort, fut un devoir de piété envers sa mère.

Antoine Urbain, de Sienne, âgé de seize ans, tailleur de profession, fut attaqué de maux de tête, accompagnés d'une distillation continuelle d'humeurs âcres et malignes : il avait le visage gonflé et les yeux si malades qu'il ne pouvait supporter ni l'air ni la lumière. La fièvre, qui se joignit à tous ces maux, l'obligea de se mettre au lit. Il souffrait depuis un mois, lorsqu'il lui survint à l'œil gauche une tumeur qui, gagnant la paupière, la couvrit bientôt de façon qu'il perdit tout-à-fait l'usage de cet œil. Le mal allant toujours en augmentant, fit craindre que le malade ne perdît encore l'autre œil. Un médecin essaya deux fois de lui appliquer quelques remèdes qui ne firent qu'accroître le mal. Le médecin s'en aperçut, et, après avoir ordonné quelques autres remèdes qu'on ne fit pas, il ne parut plus chez le malade. Ses douleurs aux deux yeux empiraient le mal, dont le principe restait fixé à la paupière, et il ne lui restait plus d'espérance de guérison. Ce malade avait un oncle potier. Un jour, par hasard, cet oncle vit un enfant qui tenait en main une image de saint Louis de Gonzague : le potier demanda à l'un de ses compagnons ce que c'était que ce saint. Celui-ci ayant raconté plusieurs miracles, l'exhorta à lui vouer son neveu. Cet oncle ayant résolu de le faire, dit à sa sœur qu'elle prît cette image et qu'au plus vite elle la portât au malade, afin qu'il eût soin, de son côté, de se recommander au saint. A cet ordre de son frère, cette femme se sentit une vive foi ; elle ne douta point que, par les mérites du saint, le malade ne guérît ; elle espérait même que ce serait la nuit prochaine. Il était déjà tard ; mais, sans perdre de temps, cette femme porta ce soir-là même l'image au malade : elle lui raconta les miracles que faisait le saint, l'exhorta à se vouer à lui, et se retira. Antoine reçut l'image avec dévotion : sur-le-champ il conçut l'espérance de guérir. Il se mit à genoux sur son lit, et, tenant l'image en main, il promit de réciter cinq *Pater* et cinq *Ave* en l'honneur du saint si, par son intercession, il recouvrait la vue. Il récita tout de suite ces cinq *Pater* et ces cinq *Ave*, armé d'une vive foi dans les mérites du saint, et il se fit trois fois le signe de la croix sur les yeux avec

S. *Louis de Gonzague.*

cette image; ensuite il se recoucha, plaça cette image auprès de sa tête, et s'endormit. Sur les cinq heures de nuit, il songea qu'il était guéri, et qu'il pouvait retourner à son travail. S'étant éveillé, et ne sentant plus aucune douleur aux yeux, il crut en effet qu'il était guéri. Cependant, ne pouvant encore s'en convaincre à cause de l'obscurité, il appela son oncle et lui dit : « Je crois que je suis guéri, car je ne sens plus de douleur aux yeux ; je les tiens ouverts sans peine, je les sens libres et desséchés. » Quand il fut jour, la tante entra dans la chambre, et Antoine, revoyant la lumière, s'écria tout hors de lui-même : « Ma tante, je vois, je suis guéri ! » A ces paroles, la femme s'approche du lit, et son frère aussi, et tous les deux virent les yeux d'Antoine parfaitement nets ; l'humeur ordinaire et l'inflammation avaient disparu, et la tumeur, s'étant retirée vers la partie gauche de l'œil, était presque dissipée, et ne donnait plus d'écoulement sensible. Aussitôt ces bonnes gens remercièrent, avec toute la ferveur dont ils étaient capables, le Seigneur et saint Louis de Gonzague. Le jeune homme, qui ne pouvait supporter ni l'air ni la lumière, se leva aussitôt, et alla entendre la messe; puis il se rendit à son travail, et reprit son métier. On dressa un procès-verbal de ce miracle au tribunal de l'archevêque de Sienne : les médecins y déclarèrent avec serment que cette guérison était surnaturelle et divine.

Marc-Antoine Gussone, noble vénitien, était entré dans la Compagnie de Jésus, à Padoue. A sa seconde année de noviciat, vers les derniers mois de 1693, il tomba malade d'une fièvre maligne, accompagnée de pourpre. En peu de jours, le mal vint au point que la langue du malade enfla, sa bouche se remplit d'une matière putride et grasse qui forma autour de ses dents une espèce de tartre, de façon que le malade ne pouvait ni ouvrir la bouche ni parler; il avait même, de temps en temps, des délires. Comme le mal augmentait de plus en plus, les médecins déclarèrent que leur art n'y pouvait rien, et que le jour suivant on ferait très bien d'administrer le saint viatique au malade. Plusieurs des Pères qui se trouvaient là, et quelques autres encore, pensèrent qu'il serait à propos de faire faire à ce novice vœu à saint Louis de Gonzague, auquel il avait une dévotion particulière. Un Père qui était absent écrivit la même chose au père recteur; et un autre qui, sur les cinq heures de nuit, était en oraison devant une relique de saint Louis de Gonzague, se sentit aussi inspiré de parler au recteur, espérant fortement que Dieu, par les mérites de son saint serviteur, rendrait la santé au malade. Celui-ci ayant quitté subitement son oraison, vint proposer au père recteur son inspiration. Le père recteur y consentit; et, prenant la relique du saint, que ce Père avait, il la remit au père ministre, lui recommandant de la porter de sa part au malade, le lendemain matin, après qu'il aurait reçu le saint viatique, et de lui faire vouer un pèlerinage en l'honneur du saint, à Notre-Dame de Lorette, ou en quelque autre lieu. Le père ministre n'attendit pas jusqu'au matin à exécuter les ordres du père recteur; il se rendit tout de suite auprès du malade, lui présenta la relique, lui proposa le vœu selon les intentions et la volonté du père recteur. Le malade prit la relique, la baisa avec beaucoup de dévotion, fit le vœu qu'on lui proposait, dans la ferme persuasion que c'était là son seul remède, et se recommanda avec instance à l'intercession du saint. Dans le moment même on s'aperçut du mieux; il passa si bien le reste de la nuit, que le matin les médecins déclarèrent qu'ils le trouvaient hors de danger; de façon que, n'étant pas dans la nécessité de recevoir le saint viatique, il ne communia que pour satisfaire sa propre dévotion. L'évêque de Padoue fit dresser procès-verbal de cette guérison.

Jean Justiniani, noble génois, de la compagnie de Jésus, étant au collége Romain, fut attaqué, le 3 juin 1605, d'un violent mal au côté gauche. Peu après il lui survint une suppression totale des urines. On fit à ce sujet une consultation de médecins; ils prescrivirent différents remèdes; mais rien de tout ce qu'ils ordonnèrent n'ayant pu soulager le malade, après dix jours il se trouva à l'extrémité. Alors le médecin recommanda de le faire administrer. Sur le soir, le malade se sentant encore plus mal, il lui vint en pensée de recourir à l'intercession de saint Louis de Gonzague. N'ayant pas la force de marcher, il se fit conduire par deux personnes dans l'église, au sépulcre du saint; et, s'y étant fait mettre à genoux, il baisa plusieurs fois la terre, récita quelques prières, sollicitant avec ferveur le saint de lui obtenir du Seigneur la santé. Enfin il fit le vœu, s'il guérissait, de dire en son honneur, pendant un an, cinq *Pater* et cinq *Ave*, de visiter tous les jours son tombeau, de le prendre pour son avocat, et de faire placer dans sa chapelle un *ex-voto* d'argent, en signe de sa reconnaissance. On le ramena dans son infirmerie; il passa fort mal le reste de la nuit, se sentant comme suffoqué des humeurs dont son corps était rempli. Le matin du onzième jour, on s'aperçut qu'il avait les mains, les pieds, et tout le corps enflés; son pouls commençait à s'arrêter, et sa respiration devenait plus difficile. Le médecin qui le vit dans cet état déclara qu'il n'y avait plus de remède. L'infirmier avertit donc son malade de se préparer à recevoir le saint viatique, comme étant en grand danger. A cet avis, le malade renouvela le vœu qu'il avait fait le soir précédent; et, prenant en main une relique du saint, que le père recteur du collége lui avait donnée, après l'avoir dévotement baisée, il se l'appliqua, faisant avec cette relique le signe de la croix sur la partie du corps qui lui faisait le plus de douleur. Dans le même moment il rendit une pierre avec toutes les humeurs qui, depuis onze jours, étaient arrêtées dans son corps. Dès lors ses grandes douleurs disparurent; il souffrit seulement encore trois jours quelque légère incommodité à l'endroit d'où la pierre s'était détachée, mais il fut en état, dès ce même jour, d'accomplir son vœu. Le lendemain, après avoir été au tombeau de son bienfaiteur lui témoigner sa reconnaissance, il se trouva si parfaitement guéri qu'il sortit de la maison. Le 21 du même mois, jour de la glorieuse mort du saint, il attacha lui-même son *ex-voto* d'argent à son tombeau, comme un monument de sa guérison miraculeuse.

Peu de temps après, il arriva à Turin un semblable miracle. Le sieur Barronis fut attaqué de douleurs très vives de gravelle. Comme il avait beaucoup de piété, il commença par recourir à Dieu et aux saints, et particulièrement à saint Ignace et à saint François Xavier, dont il se fit apporter les images. Ses douleurs ayant continué depuis la quatrième heure de la nuit jusqu'au lendemain matin, sans aucun soulagement, les sentant même augmenter, il se ressouvint d'avoir ouï dire que le mois précédent un jeune jésuite avait été guéri miraculeusement d'un semblable mal par l'intercession de saint Louis de Gonzague. Plein d'espérance qu'il pourrait obtenir de ce bienheureux la même faveur, n'ayant aucune de ses images, il fit chercher une lettre écrite par ce saint à un jésuite qui la lui avait donnée, résolut de l'appliquer comme remède à la partie où il souffrait le plus; mais, ne retrouvant point cette lettre il éleva son esprit à Dieu, et se recommanda au saint avec toute l'affection dont il était capable. Sa prière finie, il s'endormit légèrement. Il crut voir, dans son sommeil, un jeune Père de la Compagnie de Jésus, d'une stature plus grande que petite, d'un visage maigre, au nez aquilin, lequel, s'approchant de son lit, lui ceignit le corps. Quoiqu'il n'eût jamais vu saint Louis, il crut qu'effectivement c'était lui. S'éveillant à ce moment, il fit dans son lit un effort pour embrasser le saint, mais le saint disparut, laissant cependant un effet certain de sa présence, puisque, dans ce même instant, le malade se sentit délivré de la pierre qui causait ses douleurs. Dès lors il prit saint Louis de Gonzague pour son protecteur particulier et celui de sa famille, bien persuadé que, dans l'occasion, ce saint viendrait à son aide et serait sa consolation. En reconnaissance de sa guérison, il envoya au tombeau du saint une petite statue d'argent, et il déposa sous la foi du serment, au tribunal de l'archevêque de Turin, tout ce que nous venons de rapporter.

A Perruggi, le comte Montemellini était attaqué d'une longue et dangereuse fièvre ; ni l'art des médecins, ni les remèdes les plus recherchés n'avaient pu le guérir. Après cinquante jours de maladie, un jésuite du collége de Perruggi ayant une parcelle de la peau de saint Louis de Gonzague, qu'il avait lui-même prise sur son corps la nuit où il mourut, la donna au père recteur du collége, qui la porta au malade. Cette relique ne fut pas plus tôt appliquée que la fièvre le quitta, sans jamais lui revenir. Ce miracle est constaté par des dépositions authentiques.

DÉCRET

Pour la canonisation du bienheureux saint Louis de Gonzague, clerc de la Compagnie de Jésus.

Le pape Paul V, d'heureuse mémoire, ayant accordé, l'an 1606, le titre de Bienheureux au vénérable serviteur de Dieu Louis de Gonzague, de la compagnie de Jésus, la cause concernant sa canonisation fut commise à la sacrée congrégation des Rites, qui examina et approuva ensuite ses vertus et ses miracles, tant l'année 1612, le 10 novembre, sur le rapport du cardinal Capponi, que l'anné 1618, le 31 mars, principalement en conséquence du rapport que trois auditeurs de Rote avaient fait par ordre de Paul V, lequel rapport fut renvoyé par le même pape à la sacrée congrégation, qui porta dans le temps des décrets convenables sur ce sujet. Cette cause ayant été reprise l'an 1722, dans les mêmes termes où elle se trouvait, selon l'avis de la sacrée congrégation, en vertu d'une commission signée par le pape Innocent XIII, d'heureuse mémoire; et monseigneur le cardinal Fabroni, ponent, ayant proposé, le 18 août de l'an 1725, la question : « Si les vertus et les miracles du bienheureux avaient déjà été suffisamment examinés et approuvés, de manière qu'ils n'eussent pas besoin d'un nouvel examen et d'une nouvelle approbation pour l'effet de la canonisation, « la sacrée congrégation opina pour l'affirmative. De plus, le 24 novembre de la même année 1725, la sacrée congrégation ayant répondu que « les miracles approuvés étaient ceux qui avaient été rapportés par le cardinal Capponi, le 10 novembre 1613, et par les auditeurs de Rote, et examinés par la sacrée congrégation le 18 mars 1618 (ces miracles, représentés depuis peu à la même sacrée congrégation, se voient dans l'un et l'autre rapports marqués ci-dessus); et qu'il ne restait plus qu'à proposer la question, « si l'on pouvait sûrement procéder à la canonisation solennelle; » notre très Saint-Père le pape Benoit XIII approuva l'un et l'autre décret. »

Enfin, dans une congrégation générale, tenue en présence de Sa Sainteté, le 2 du présent mois d'avril, monseigneur le cardinal Orighi, substitué en la place de monseigneur le cardinal Fabroni, absent, a d'abord rapporté tout ce qui s'était fait en cette cause, et a ensuite proposé la question « Si, après l'approbation des vertus et des miracles, on pouvait sûrement procéder à la canonisation solennelle; » et l'on a opiné pour l'affirmative. Notre très Saint-Père, ayant ouï l'avis de la sacrée congrégation, a pris du temps pour conférer de cette affaire avec Dieu dans l'oraison et dans le jeûne, pour délibérer mûrement, avant que de rien décider. Enfin, le jour de l'anniversaire marqué ci-dessous, auquel on célébra les cérémonies du baptême, dans lequel le bienheureux reçut la robe blanche d'innocence, qu'il a portée pure et sans tache après sa mort au tribunal de Jésus-Crist, Sa Sainteté, après avoir célébré pontificalement la messe dans la basilique de Saint-Jean-de-Latran, a mandé en son palais M. Prosper de Lambertini, archevêque de Théodosie, promoteur de la foi, et moi soussigné, secrétaire de la sacrée congrégation, et nous a ordonné d'expédier et de publier le présent décret de la canonisation du bienheureux Louis de Gonzague, laquelle sera faite en son temps, afin que, pour la grande gloire de Dieu, l'exaltation de l'Eglise catholique, et l'honneur de son illustre Compagnie, on puisse proposer au culte et à l'imitation de tous les fidèles, et en particulier de la jeunesse, ce jeune homme, très illustre par l'innocence de sa vie, et par le mépris qu'il a fait des grandeurs du siècle : titre dont le pape CLÉMENT X permit, l'an 1671, qu'on honorât le bienheureux Louis de Gonzague, en le mettant dans le martyrologe romain. Ce 20 avril 1729.

F. CARD. PAOLUCCI, PRÉFET.

Place † du Sceau.

N. M. TEDESCHI.

Archevêque d'Apamée, secrétaire de la congrégation des sacrés Rites.

La cérémonie de la canonisation se fit avec beaucoup de solennité, le 31 décembre de la même année, dans la basilique du Vatican.

Après la canonisation de saint Louis de Gonzague, on vit couler abondamment de nouvelles sources de bienfaits et de grâces spirituelles et temporelles. Les personnes de tous les états recoururent à lui, quels que fussent leurs besoins, ce qui fit que de toutes parts on voyait des démonstrations de reconnaissance pour des bienfaits reçus, lesquels devenaient autant de garants de ceux qu'on espérait encore. Ce fut alors qu'on publia ces multiplications de farine, d'huile et de vin, dont on ne parlait pas auparavant : multiplications merveilleuses qui devinrent une source étonnante de nouvelles merveilles ; puisque cette huile, cette farine, ce vin, miraculeusement multipliés, produisaient de nouveaux miracles en faveur de ceux qui en faisaient usage avec foi et une vraie confiance au saint. Mais la dévotion à saint Louis de Gonzague procurait encore des grâces plus particulières et plus abondantes quand elle avait pour objet des biens spirituels. C'est ce qui engagea les souverains pontifes à favoriser et à étendre cette utile dévotion. C'est pour cela qu'ils accordèrent en sa faveur des indulgences et des priviléges extraordinaires.

Le 22 novembre 1729, Benoît XIII donna saint Louis de Gonzague pour protecteur spécial à la jeunesse. Il permit aussi à tous les prêtres de pouvoir dire son office et sa messe. De plus, il accorda une indulgence plénière à quiconque, s'étant confessé et ayant communié, visiterait son autel, soit que la fête se fît à cet autel, soit que pour la plus grande commodité elle se fît à quelque autre autel. Cette extension est du pape Clément XII, et du 21 novembre 1737.

Le 21 décembre de cette même année 1737, le pape accorda encore une indulgence plénière pendant les six dimanches qui précèdent la fête du saint, ou même pendant six autres dimanches, à tous ceux qui, étant vraiment pénitents, et après avoir communié, sanctifieront ces jours de salut par de pieuses méditations, par des prières ferventes, et par d'autres exercices de la piété chrétienne en l'honneur de ce saint, et pour la gloire du Seigneur.

Comme sous Benoît XIV on proposa le doute, si l'indulgence n'était que pour les six dimanches unis, ou pour chaque dimanche en particulier, Sa Sainteté déclara qu'on devait l'entendre de chaque dimanche séparément. Le décret est du 7 janvier 1740.

Sur les remontrances qu'on fit à ce même pape, que quelquefois on célébrait la fête du saint avec un grand concours dans plusieurs églises de la même ville, ce qui ne pouvait pas toujours se faire le 21 juin, le Pontife répondit que pour augmenter le culte du saint, on n'avait qu'à s'entendre avec l'ordinaire du lieu, qui assignerait des jours différents, et qu'au jour assigné par l'évêque, on pourrait réciter l'office et la messe du saint, et gagner l'indulgence. Le décret est du 22 avril 1742.

Enfin, le 21 juin 1762, le pape Clément XIII étant venu au collége Romain, célébra pontificalement la messe à l'autel de saint Louis de Gonzague. Après la messe, il déclara cet autel privilégié à perpétuité, en faveur de tout prêtre qui y célébrerait; ce qui a encore augmenté la vénération publique, et le concours des prêtres qui viennent offrir le saint sacrifice dans ce lieu même où repose le corps de cet ange terrestre.

Son âme sainte prie pour nous dans le ciel, tandis que nous honorons ici-bas ses précieuses reliques. Plaise au Seigneur nous accorder par ses mérites une abondance de grâces et de bénédiction, afin que nous devenions dignes des promesses du Verbe incarné, auquel, avec le Père et le Saint-Esprit, soient honneur et gloire dans tous les siècles des siècles. Ainsi soit-il.

FIN DE LA VIE DE SAINT LOUIS DE GONZAGUE.

Limoges. — Imp. Eugène ARDANT et Cie.

www.ingramcontent.com/pod-product-compliance
Lightning Source LLC
Chambersburg PA
CBHW070302100426
42743CB00011B/2304